드림 웨이브

하나님 나라의 통치 2

사무엘하 / 열왕기상·하

저학년

꿈이 있는 미래

드림 웨이브

하나님 나라의 통치 2

저학년

초판 1쇄 인쇄 2023년 5월 10일
초판 1쇄 발행 2023년 5월 24일

글 쓴 이 정형근, 김선교, 윤슬기
그 린 이 박미량

발 행 인 김은호
발 행 처 도서출판 꿈미
등 록 제2014-000035호
주 소 서울시 강동구 양재대로81길 39, 202호
전 화 070-4352-4143, 02-6413-4896
팩 스 02-470-1397
홈페이지 www.coommi.org
쇼 핑 몰 www.coommimall.com

ISBN 979-11-90862-89-9 74230
ISBN 979-11-89047-15-3 74230 (SET)

머리말

기독교 교육에서 중요한 것은 하나님에 대한 지식을 넘어 하나님과의 경험을 풍성하게 하는 것입니다. 이런 교육 철학으로 다음세대가 하나님과의 스토리를 만들어 가도록 초등학생을 위한 공과 교재를 발간했습니다.

하나님의 말씀에는 세상이 감당할 수 없는 하나님의 사람으로 자라나게 하는 힘이 있습니다. 이 교재는 다음세대가 하나님의 말씀을 통해 자신을 들여다보고 삶을 변화시키도록 돕습니다. 다음세대가 하나님의 이야기를 배우고 그 이야기가 나의 이야기로 어떻게 연결되는지를 체험하게 될 것입니다. 이와 같은 교육 철학을 담은 '드림웨이브'를 통해 한국 교회와 가정, 학교에서 다음세대가 다시 일어나고, 그들이 하나님 나라의 귀한 일꾼으로 세워지길 간절히 기도합니다.

꿈이 있는 미래 대표 김은호 목사

차 례

교재 활용법

7단원 1과

하나님께 죄를 고백해요

읽을 말씀 사무엘하 12장 13~23절

외울 말씀 만일 우리가 우리 죄를 자백하면 그는 미쁘시고 의로우사 우리 죄를 사하시며 우리를 모든 불의에서 깨끗하게 하실 것이요(요한1서 1장 9절).

원 포인트 하나님께 죄를 고백해요.

welcome

상황에 맞는 말은?

다음 상황에 맞는 말은 무엇이 있을지 생각해 보고 이야기를 나눠 보세요.

15

adventure

성경 이야기를 색칠하고 말씀을 따라 써 보세요.

다윗은 밧세바와 바람을 피운 것이 하나님 앞에 라는 것을 깨닫고, 나단 선지자에게 자신이 하나님께 를 지었다고 고백했어요.

다윗의 고백을 들은 은 하나님의 말씀을 전했어요. "여호와께서 당신의 죄를 용서하여 당신은 죽지 않지만, 당신이 낳은 아이가 죽을 것이다!"

다윗의 아이가 아프기 시작하자 다윗은 아이를 위해 하며 기도했어요.

결국 다윗의 아이는 죽게 되었어요. 다윗은 *금식 를 멈추고, 위로해 주실 하나님을 믿으며 다시 식사를 하기 시작했어요.

단어 설명

금식(16절) 특별한 기도 제목을 위해 음식을 먹지 않고 하나님께 기도하는 것을 말해요.

16

welcome 공과의 도입 단계로, 성경 말씀을 배우기 전에 말씀과 관련된 내용을 살펴보면서 말씀에 집중하도록 돕는 단계입니다.

adventure 말씀을 배우는 단계로, 설교 시간에 들은 말씀을 떠올리며 말씀의 핵심을 이해하고 기억하도록 돕는 단계입니다.

value

내가 고백해야 하는 죄는?

내가 하나님께 고백해야 하는 죄는 무엇이 있을까요? 다음 상황에서 내가 고백해야 하는 죄는 무엇인지 적어 보세요.

어떤 상황일까요?	내가 고백해야 할 죄는 무엇일까요?

"나 ____________은/는 하나님께 죄를 고백하기로 다짐해요."

17

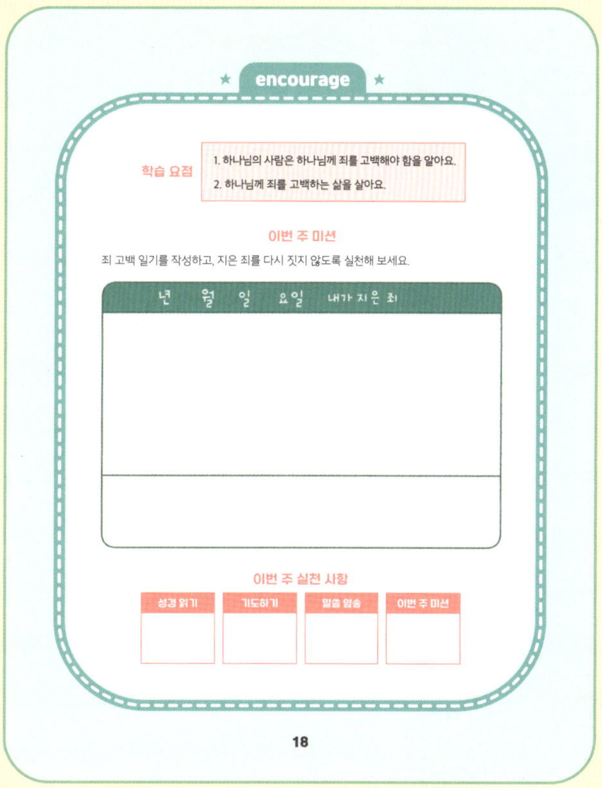

encourage

학습 요점
1. 하나님의 사람은 하나님께 죄를 고백해야 함을 알아요.
2. 하나님께 죄를 고백하는 삶을 살아요.

이번 주 미션

죄 고백 일기를 작성하고, 지은 죄를 다시 짓지 않도록 실천해 보세요.

년 월 일 요일 내가 지은 죄

이번 주 실천 사항

성경 읽기	기도하기	말씀 암송	이번 주 미션

18

value 배운 말씀을 삶의 가치로 적용하는 단계로, 말씀이 나의 삶에 어떤 의미가 있는지를 깨닫고 말씀을 실천하기로 결심하는 단계입니다.

encourage 말씀을 가지고 삶으로 나아가는 단계로, 말씀을 어떻게 삶에 적용할지를 구체적으로 생각하고 한 주간 삶에 적용하는 단계입니다.

한눈에 보기

단원	과	제목	읽을 말씀	외울 말씀	원 포인트
7단원	1	하나님께 죄를 고백해요	삼하 12:13~23	요일 1:9	하나님께 죄를 고백해요.
	2	하나님의 뜻을 따라 살아요	삼하 15:1~12	롬 13:14	언제나 하나님의 뜻을 따라 살아요.
	3	하나님의 뜻을 구해요	삼하 16:1~14	시 143:10	언제나 하나님의 뜻을 구해요.
	4	하나님은 겸손한 사람을 높이세요	삼하 18:1~15	마 23:12	하나님은 교만한 사람을 낮추시고, 겸손한 사람을 높이세요.
	5	승리를 주시는 하나님을 찬양해요	삼하 22:1~7	삼하 22:30	승리를 주시는 하나님을 기쁨으로 찬양해요.
8단원	1	하나님의 말씀대로 살아요	왕상 2:1~12	왕상 2:3	하나님의 말씀대로 살아요.
	2	하나님의 지혜를 구해요	왕상 3:1~9	잠 4:7	하나님의 지혜를 구해요.
	3	하나님의 지혜를 의지해요	왕상 3:16~28	욥 12:13	하나님의 지혜를 의지해요.
	4	하나님이 우리와 함께하세요	왕상 6:1~13	레 26:12	하나님이 하나님의 백성과 함께하심을 알아요.
9단원	1	하나님의 은혜에 감사해요	왕상 8:54~66	시 31:19	하나님이 주신 은혜에 감사해요.
	2	오직 하나님만 사랑해요	왕상 11:1~13	미 6:8	오직 하나님만 사랑해요.
	3	마음을 하나님께로 향해요	왕상 12:25~33	잠 4:23	우리의 마음을 하나님께로 향해요.
	4	정직한 마음을 가져요	왕상 15:9~15	시 51:10	하나님 앞에서 정직해야 해요.

단원	과	제목	읽을 말씀	외울 말씀	원 포인트
10단원	1	고난은 하나님을 알게 해요	왕상 17:17~24	시 119:71	고난을 통해 하나님을 알게 돼요.
	2	여호와만 참 하나님이세요	왕상 18:30~40	시 100:3	여호와만 참 하나님이세요.
	3	하나님은 모든 죄를 아세요	왕상 21:17~29	잠 28:13	하나님은 나의 모든 죄를 아시는 분이세요.
	4	하나님은 능력을 주세요	왕하 2:1~18	빌 4:13	하나님은 능력을 주시는 분이세요.
	5	하나님은 생명을 다스리세요	왕하 4:29~37	시 36:9	하나님은 생명을 다스리시는 분이세요.
11단원	1	하나님이 깨끗하게 하셨어요	왕하 5:1~14	히 9:22	하나님은 우리를 깨끗하게 하시는 분이세요.
	2	하나님의 말씀은 성취돼요	왕하 7:9~20	잠 13:13	하나님의 말씀은 반드시 성취돼요.
	3	하나님께 돌아가요	왕하 11:13~21	시 80:3	우상을 버리고 하나님께 돌아가요.
	4	하나님은 우리를 지키세요	왕하 13:14~25	시 121:3	하나님은 하나님의 백성을 지키세요.
12단원	1	하나님의 말씀에 순종해요	왕하 17:13~23	신 12:28	하나님의 말씀을 듣고 순종해요.
	2	하나님만 믿고 의지해요	왕하 18:1~12	시 84:12	하나님만 믿고 의지해요.
	3	하나님께 간절히 기도해요	왕하 20:1~11	렘 33:3	하나님은 간절한 기도를 들으세요.
	4	말씀을 듣고 회개해요	왕하 22:8~20	시 51:7	하나님의 말씀을 듣고 회개해요.
	5	하나님의 백성은 겸손해요	왕하 25:1~17	벧전 5:6	하나님 앞에서 겸손해야 해요.
절기	추수감사주일	영원한 생명을 주셨어요	롬 6:17~23	롬 6:22	영원한 생명을 주신 하나님께 감사해요.
	성탄주일	예수님이 좋은 소식이에요	눅 2:8~20	눅 2:11	예수님이 세상의 좋은 소식이에요.

Samuel

사무엘서를 소개합니다

'사무엘서'의 뜻은?

사무엘서는 이스라엘의 마지막 사사이자 새롭게 왕정 시대를 열게 될 선지자 사무엘의 이야기로 시작해서 다윗 왕조 이야기로 끝을 맺어요. 또한 사무엘서는 이스라엘에 왕정이 설립된 과정과 왕정이 갖는 신학적 중요성을 말해요. 이스라엘이 어떻게 사사 시대를 마무리하고 왕정 시대를 맞이했는지, 하나님이 그들의 역사에 어떻게 간섭하셨는지를 묘사해요.

누가, 언제 썼나요?

선지자 사무엘이 사무엘상 1~24장을, 선지자 나단과 가드가 나머지를 집필했다고 전해져요. 이외에도 다윗 정권 때 서기관으로 활약한 스라야(삼하 8:17), 사독의 아들로 압살롬의 반란 때 다윗을 도운 아히마아스(삼하 15:27), 다윗의 광야 시절부터 함께한 제사장 아비아달(삼하 20:25) 등이 썼다고 말하기도 해요. 저자가 누구였는지 가늠할 수 없어도 B.C. 550~540년에 바빌론에서 최종적으로 편집되었을 것으로 봐요.

어떤 내용이 담겨 있나요?

사무엘서는 이스라엘의 역사 가운데 사사 시대 말기부터 다윗 왕까지의 역사를 다뤄요. 사무엘은 사울을 왕으로 세우고 후에 다윗을 왕으로 세웠어요. 사무엘은 사울의 실패를 통해 왕도 하나님의 말씀과 율법에 순종해야 함을 알려줘요. 이스라엘의 진정한 왕은 하나님뿐이에요. 하나님은 사무엘서 전반에 걸쳐 왕으로 세워진 이들이 다윗과 같이 왕의 자리에서도 하나님을 왕으로 섬기는지 아닌지를 보셨어요. 그리고 그들의 나라와 삶을 인도하셨어요.

무엇을 배우게 되나요?

첫째, 하나님이 이스라엘의 역사에 주권적으로 개입하신다는 거예요. 역사가 하나님 중심적, 그리스도 중심적으로 전개되는 것을 볼 수 있어요.

둘째, 하나님의 통치-신정(theocracy)의 원칙이에요. 삶의 모든 영역에서 하나님만이 왕이심을 분명히 알아야 해요.

셋째, 왕도 백성과 같이 하나님의 법에 순종해야 한다는 거예요. 사무엘 시대에 백성이 왕을 요구하자, 결국 하나님은 왕을 세우시고 왕의 자격과 의무를 정해 주셨어요. 왕은 하나님의 뜻에 굴복해야 해요. 높은 왕일지라도 하나님의 자리에 앉아서는 안 돼요.

Kings

열왕기서를 소개합니다

'열왕기서'의 뜻은?

열왕기서는 고대 이스라엘의 왕국 시대(B.C. 970~586년)에 대해서 묘사해요. 또한 열왕기서에는 사울과 다윗의 통치에 관한 이야기는 대부분 제외되었어요. 신명기에 제시된 신학적 관점에 근거해서 이스라엘의 과거를 설명하려고 시도해요. 열왕기서의 저자가 신명기에 의해 영향을 받은 사실을 알 수 있어요.

누가, 언제 썼나요?

열왕기서는 B.C. 6세기 이후에 기록된 것으로 추정돼요. 하지만 이와 다른 견해도 있어요. 포로 시대 후기 또는 포로 시대 이후에 저술된 열왕기서가 B.C. 586년 남유다 왕국의 백성이 포로로 끌려가기 전 또는 포로 시대에 저술된 초기 열왕기 판본에 기초해서 작성되었다는 견해예요. 열왕기서의 본문에 페르시아 시대(B.C. 539~330년)에 편집되었다는 증거도 있어요.

어떤 내용이 담겨 있나요?

열왕기서는 신명기에 제시된 신학적 관점에 근거해서, 이스라엘 왕국의 후기 시대를 설명해요. 열왕기서는 선하신 하나님이, 그분이 선택한 나라가 멸망하고 이스라엘 백성이 포로로 잡혀가는 것을 지켜보셨다고 주장해요. 그리고 이는 이스라엘 백성이 하나님 앞에서 수많은 죄를 지었기 때문이라고 해요. 그러나 하나님은 하나님이 선택한 왕조가 끊어지지 않게 하시고, 진정으로 회개한 사람들을 용서해 주세요.

무엇을 배우게 되나요?

첫째, 여호와는 유일하시며 참되신 하나님이라는 사실을 계속해서 보여 줘요. 하나님은 결코 우상과 견줄 수 없는, 모든 만물을 지으신 분이에요.
둘째, 오직 하나님만을 섬겨야 한다는 거예요. 하나님은 이스라엘 백성에게 우상을 섬기지 말고, 오직 하나님만을 경배하라고 말씀하셨어요.
셋째, 참된 예배와 잘못된 예배에 대해서 알려 줘요. 하나님은 우상을 섬기는 잘못된 예배를 심판하세요. 하나님의 백성은 참된 예배를 통해 하나님의 말씀에 순종하며 살아야 해요.

꿈미 메타버스

젭 로블록스

‘변하지 않는 말씀을 변하는 시대적 도구로 가르치라.’

2023년 꿈미 메타버스는 드림웨이브 ‘하나님 나라의 통치’ 커리큘럼에 맞춰 제작되었습니다. 아이들이 하나님의 말씀을 메타버스에서 배울 수 있도록 두 가지 플랫폼의 콘텐츠를 제공합니다.

드림웨이브 <젭>

2D를 활용한 ZEP(젭)은 놀이공원 콘셉트로 맵이 구성되어 있습니다. 드림웨이브 공과에 맞춰 사사 이야기부터 분열 왕국까지의 이야기를 다룹니다. 매주 게임을 통해 아이들이 자연스럽게 성경 이야기를 배웁니다. 또한 ZEP(젭)으로 오프라인 공간에서 온라인을 활용한 교육을 진행할 수 있습니다.

드림웨이브 <로블록스>

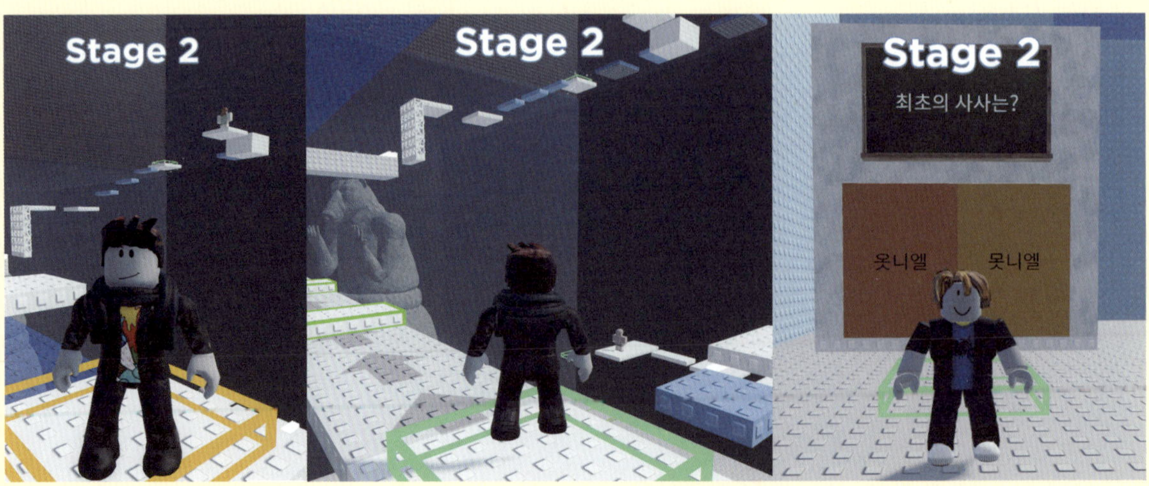

3D를 활용한 ROBLOX(로블록스)는 게임 내에서 가장 인기가 많은 ‘타워’(점프맵) 형식입니다. 다양한 퀴즈를 통해 아이들이 즐겁게 그리고 자연스럽게 성경을 배울 수 있습니다.

하나님 나라의 통치 2

7단원

unit 7

1과 하나님께 죄를 고백해요

2과 하나님의 뜻을 따라 살아요

3과 하나님의 뜻을 구해요

4과 하나님은 겸손한 사람을 높이세요

5과 승리를 주시는 하나님을 찬양해요

7단원 1과

하나님께 죄를 고백해요

읽을 말씀 사무엘하 12장 13~23절

외울 말씀 만일 우리가 우리 죄를 자백하면 그는 미쁘시고 의로우사 우리 죄를 사하시며 우리를 모든 불의에서 깨끗하게 하실 것이요(요한1서 1장 9절).

원 포인트 하나님께 죄를 고백해요.

welcome

상황에 맞는 말은?

다음 상황에 맞는 말은 무엇이 있을지 생각해 보고 이야기를 나눠 보세요.

★ adventure ★

성경 이야기를 색칠하고 말씀을 따라 써 보세요.

다윗은 밧세바와 바람을 피운 것이 하나님 앞에 죄라는 것을 깨닫고, 나단 선지자에게 자신이 하나님께 죄를 지었다고 고백했어요.

다윗의 고백을 들은 나단은 하나님의 말씀을 전했어요. “여호와께서 당신의 죄를 용서하여 당신은 죽지 않지만, 당신이 낳은 아이가 죽을 것이다!”

다윗의 아이가 아프기 시작하자 다윗은 아이를 위해 금식하며 기도했어요.

결국 다윗의 아이는 죽게 되었어요. 다윗은 *금식 기도를 멈추고, 위로해 주실 하나님을 믿으며 다시 식사를 하기 시작했어요.

단어 설명

금식(16절) 특별한 기도 제목을 위해 음식을 먹지 않고 하나님께 기도하는 것을 말해요.

value

내가 고백해야 하는 죄는?

내가 하나님께 고백해야 하는 죄는 무엇이 있을까요? 다음 상황에서 내가 고백해야 하는 죄는 무엇인지 적어 보세요.

어떤 상황일까요?	내가 고백해야 할 죄는 무엇일까요?

"나 ______________ 은/는 하나님께 죄를 고백하기로 다짐해요."

★ **encourage** ★

학습 요점

1. 하나님의 사람은 하나님께 죄를 고백해야 함을 알아요.
2. 하나님께 죄를 고백하는 삶을 살아요.

이번 주 미션

죄 고백 일기를 작성하고, 지은 죄를 다시 짓지 않도록 실천해 보세요.

년 월 일 요일 내가 지은 죄

이번 주 실천 사항

성경 읽기	기도하기	말씀 암송	이번 주 미션

7단원 2과

하나님의 뜻을 따라 살아요

읽을 말씀 사무엘하 15장 1~12절

외울 말씀 오직 주 예수 그리스도로 옷 입고 정욕을 위하여 육신의 일을 도모하지 말라(로마서 13장 14절).

원 포인트 언제나 하나님의 뜻을 따라 살아요.

welcome

선을 따라가면?

점선을 따라 그림을 완성하고 어떤 그림이 완성되었는지 이야기를 나눠 보세요.

adventure

성경 이야기 그림에서 숨은 글자를 찾아서 적어 보세요.

단어 설명

호위병(1절) 보호할 사람을 둘러싸고 지키는 일을 하는 병사를 말해요.

송사(2절) 자신의 이야기를 재판을 통해 법원에 이야기하는 것을 말해요.

value

욕심 말고, 하나님의 뜻을 따라가요

하나님의 사람은 무엇을 따라가야 하는지 생각해 보고, 알맞은 방향으로 미로를 통과해 보세요.

"나 ______________ 은/는 하나님의 뜻을 따라 살기로 다짐해요."

encourage

학습 요점

1. 하나님의 사람은 하나님의 뜻을 따라 살아야 함을 알아요.
2. 하나님의 뜻을 따르는 삶을 살아요.

이번 주 미션

한 주간 하나님의 뜻을 따라 살았는지 확인해 보세요.

요일	하나님의 뜻을 따라 살았나요?	- 하나님의 뜻을 어떻게 따라 살았나요? - 다음에는 이렇게 살래요!
월	YES / NO	
화	YES / NO	
수	YES / NO	
목	YES / NO	
금	YES / NO	
토	YES / NO	

이번 주 실천 사항

성경 읽기	기도하기	말씀 암송	이번 주 미션

7단원 3과

하나님의 뜻을 구해요

읽을 말씀 사무엘하 16장 1~14절

외울 말씀 주는 나의 하나님이시니 나를 가르쳐 주의 뜻을 행하게 하소서 주의 영은 선하시니 나를 공평한 땅에 인도하소서(시편 143편 10절).

원 포인트 언제나 하나님의 뜻을 구해요.

welcome

이 상황에 필요한 것은?

다음 그림 속 상황에서 어린이에게 필요한 것이 무엇인지 말풍선에 그려 보세요.

adventure

사무엘하 16장 10~13절을 읽고 빈칸에 들어갈 말을 <보기>에서 찾아 넣으세요.

보기 여호와 | 다윗 | 명령 | 선 | 생명

10 왕이 이르되 스루야의 아들들아 내가 너희와 무슨 상관이 있느냐 그가 저주하는 것은 여호와께서 그에게 □□을 저주하라 하심이니 네가 어찌 그리하였느냐 할 자가 누구겠느냐 하고

11 또 다윗이 아비새와 모든 신하들에게 이르되 내 몸에서 난 아들도 내 □□을 해하려 하거든 하물며 이 베냐민 사람이랴 여호와께서 그에게 □□하신 것이니 그가 저주하게 버려두라

12 혹시 □□□께서 나의 *원통함을 *감찰하시리니 오늘 그 저주 때문에 여호와께서 □으로 내게 갚아 주시리라 하고

13 다윗과 그의 추종자들이 길을 갈 때에 시므이는 산비탈로 따라가면서 저주하고 그를 향하여 돌을 던지며 먼지를 날리더라

단어 설명

원통(12절) 분하고 억울한 것을 말해요.
감찰(12절) 관심을 가지고 살피는 것을 말해요.

부록 145쪽

value

하나님의 뜻을 구하는 스마트폰

어떤 어려운 상황 속에서도 하나님의 뜻을 구하기 위해 '하나님의 뜻을 구하는 스마트폰'을 만들어 보세요.

"나 ______________ 은/는 모든 상황 속에서 하나님의 뜻을 구할래요."

준비물

부록 공과 자료, 가위, 색연필, 실

활동 방법

1. 부록 공과 자료(스마트폰)를 뜯어요.
2. 색연필로 부록 '스마트폰'의 대화 내용을 채워요.
3. 색연필로 '스마트폰'의 배경을 예쁘게 꾸며요.
4. '스마트폰' 위에 구멍을 내고, 실을 넣어 목걸이를 완성해요.

★ encourage ★

학습 요점

1. 모든 상황 속에서 하나님의 뜻을 구해야 함을 알아요.
2. 모든 상황 속에서 하나님의 뜻을 구하는 삶을 살아요.

이번 주 미션

가족과 함께 하나님의 뜻을 구하는 가정예배를 드려요. 그리고 가정예배 시간에 하나님의 뜻을 구하는 대표기도를 해 보세요.

가정예배 대표기도문

하나님, 우리 가족이 항상

____________________ 을 구하게 해 주세요.

____

____

예수님의 이름으로 기도합니다. 아멘.

이번 주 실천 사항

성경 읽기	기도하기	말씀 암송	이번 주 미션

7단원 4과

하나님은 겸손한 사람을 높이세요

읽을 말씀 사무엘하 18장 1~15절

외울 말씀 누구든지 자기를 높이는 자는 낮아지고 누구든지 자기를 낮추는 자는 높아지리라(마태복음 23장 12절).

원 포인트 하나님은 교만한 사람을 낮추시고, 겸손한 사람을 높이세요.

welcome

마음을 그려줘!

다음 만화를 보고, 어린이가 느낄 마음을 마지막 장면에 그려 보세요.

adventure

성경 이야기를 떠올리며, 다음의 세 가지 문제를 풀어 보세요.

1 다윗은 압살롬과의 전쟁을 위해서 세 명에게 군대를 맡겨 지휘했어요. 다음 중 군대를 맡지 않은 사람은 누구인가요?

① 요압 ② 아비새 ③ 사울

2 압살롬은 전쟁에서 패배하여 도망치다가, 나무에 모자가 걸렸어요. (○ / X)

3 하나님은 어떤 사람을 낮추시고 어떤 사람을 높이실까요? 글자를 따라 써 보세요.

하나님은 자신을 높이는 사람을 낮추세요.
그리고 자신을 낮추는 사람을 높이세요.

단어 설명

군지휘관(5절) 군대를 지휘하고 이끄는 사람을 말해요.

value

부록 146쪽

나의 마음 거울

우리는 압살롬처럼 스스로를 높이면 하나님이 낮추심을 기억해야 해요. 이제 우리가 낮고 겸손한 마음을 가지기 위해, 우리의 마음을 비추는 '나의 마음 거울'을 만들어 보세요.

"나 ______________ 은/는 낮고 겸손한 마음을 가질래요.

그럴 때 하나님이 나를 높여 주세요!"

준비물

부록 공과 자료, 색연필, 풀, 가위, 셀로판지

활동 방법

1 부록 공과 자료(나의 마음 거울)를 뜯어요.
2 부록 '나의 마음 거울' 속 문구를 따라 적어요.
3 부록의 거울 부분에 자신을 낮추는 모습을 그려요.
4 셀로판지를 거울 부분 크기에 맞게 자르고 풀칠하여 붙여요.
5 '나의 마음 거울'을 색연필로 예쁘게 꾸민 후, 접는 선을 따라 접어요.

encourage

학습 요점

1. 낮고 겸손한 마음을 가질 때, 하나님이 높이심을 알아요.
2. 낮고 겸손한 마음을 가지고 살아요.

이번 주 미션

한 주간 내가 하나님 앞에서 낮고 겸손한 마음으로 살았던 순간이 언제인지 생각해 보고, 글이나 그림으로 표현해 보세요.

이번 주 실천 사항

성경 읽기	기도하기	말씀 암송	이번 주 미션

7단원 5과

승리를 주시는 하나님을 찬양해요

읽을 말씀 사무엘하 22장 1~7절

외울 말씀 내가 주를 의뢰하고 적진으로 달리며 내 하나님을 의지하고 성벽을 뛰어넘나이다(사무엘하 22장 30절).

원 포인트 승리를 주시는 하나님을 기쁨으로 찬양해요.

welcome

언제 노래를 부르나요?

언제, 어떤 상황에서 노래를 부르는지 이야기를 나눠 보세요.

adventure

성경 이야기를 색칠하고 말씀을 따라 써 보세요.

다윗은 자신의 지난 시간을 돌아보며

하나님을 찬양했어요.

다윗은 하나님을

나의 반석, *요새, 방패라고 고백했어요.

하나님이 승리를 주셨기 때문이에요.

다윗에게도 어려운 순간이 있었어요.

이때는 마치 사망의 물결이

몰려오는 것 같았어요.

어려운 순간에 다윗이 기도하자

하나님은 다윗의 기도를 들으시고

승리를 주셨어요.

단어 설명

요새(2절) 어려움을 피해서 도망칠 수 있는 안전한 곳을 말해요.

value

감사함으로 손뼉 쳐!

승리를 주신 순간을 기억하며, 감사 제목이 담긴 손뼉 박수를 만들어 보세요.

승리를 주신 순간은?

"나 ______________ 은/는 하나님이 승리를 주실 때

기쁨으로 하나님을 찬양하기로 다짐해요."

encourage

학습 요점

1. 승리를 주시는 하나님께 기쁨으로 찬양해야 함을 기억해요.
2. 승리를 주시는 하나님을 기쁨으로 찬양하며 살아요.

이번 주 미션

하나님은 나 자신뿐만 아니라, 우리 가족에게도 승리를 주신 하나님이세요. 이 사실을 기억하며, 가족과 함께 하나님을 즐겁게 노래하는 찬양을 작곡해 보세요.

작곡 :

이번 주 실천 사항

성경 읽기	기도하기	말씀 암송	이번 주 미션

하나님 나라의 통치 2

8단원

unit 8

8단원 1과

하나님의 말씀대로 살아요

읽을 말씀 열왕기상 2장 1~12절

외울 말씀 네 하나님 여호와의 명령을 지켜 그 길로 행하여 그 법률과 계명과 율례와 증거를 모세의 율법에 기록된 대로 지키라 그리하면 네가 무엇을 하든지 어디로 가든지 형통할지라(열왕기상 2장 3절).

원 포인트 하나님의 말씀대로 살아요.

welcome

길을 잃었을 때?

놀이동산에서 길을 잃었던 적이 있나요? 이때 우리는 무엇을 따라가야 하는지 이야기를 나눠 보세요.

adventure

설교 말씀을 떠올리며 빈칸을 채워 성경 만화를 완성해 보세요.

보기 지키라 | 성품 | 명령 | *대장부 | 마음

단어 설명

대장부(2절) 건장하고 씩씩한 사나이를 말해요.

value

내가 소중한 사람에게 남기고 싶은 말은?

내가 소중한 사람들에게 남기고 싶은 말을 편지로 적어 보세요.

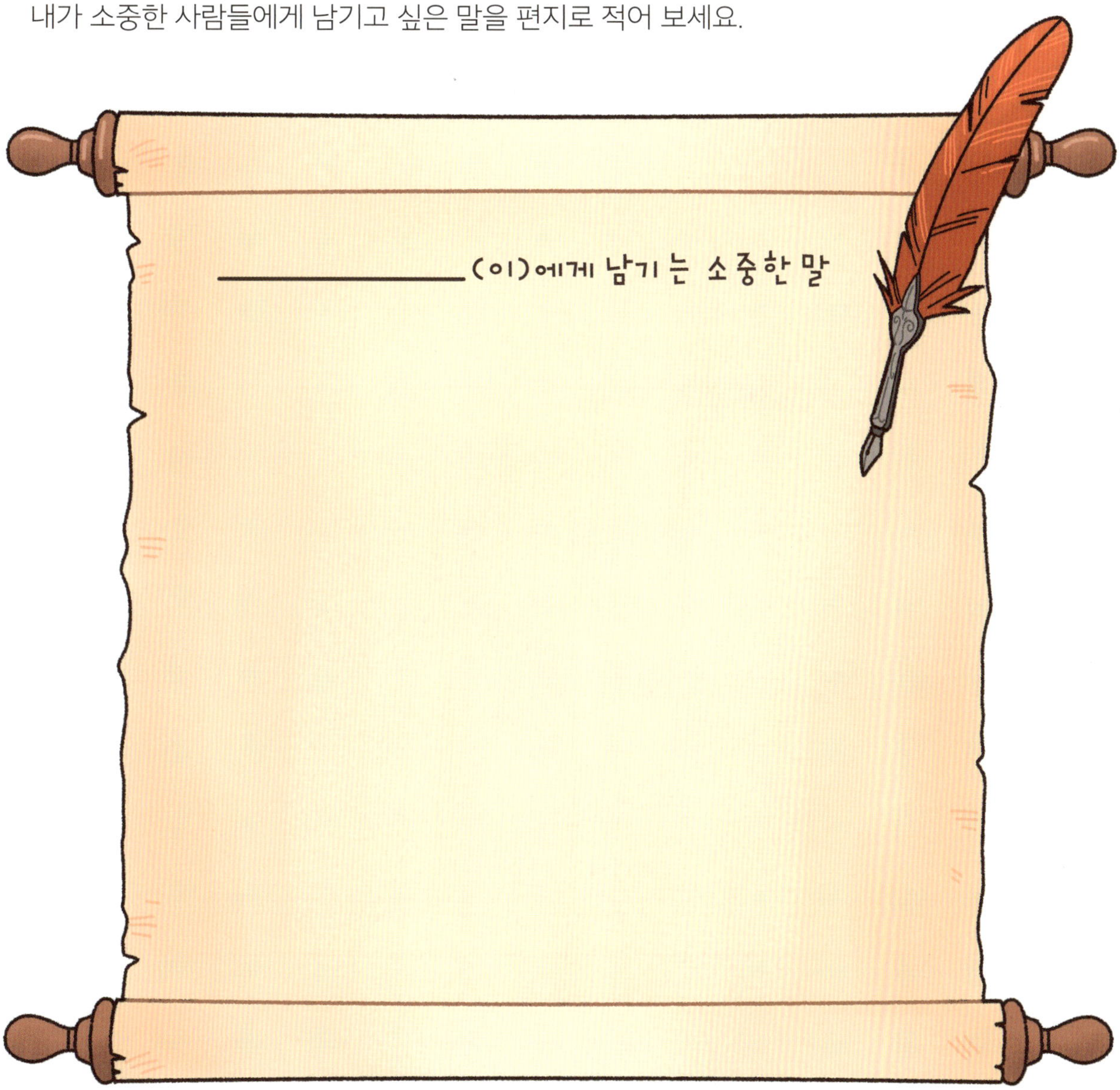

"나 __________은/는 항상 하나님의 말씀대로 살고,

이를 남기며 전하기로 다짐해요."

encourage

학습 요점

1. 하나님의 말씀대로 살아야 함을 알아요.
2. 하나님의 말씀대로 살아요.

이번 주 미션

언제나 하나님의 말씀대로 살아야 함을 기억하며 메모지에 "하나님의 말씀대로 살아요"라고 적고 집 안 곳곳에 붙여 보세요.

이번 주 실천 사항

성경 읽기	기도하기	말씀 암송	이번 주 미션

8단원 2과

하나님의 지혜를 구해요

읽을 말씀 열왕기상 3장 1~9절

외울 말씀 지혜가 제일이니 지혜를 얻으라 네가 얻은 모든 것을 가지고 명철을 얻을 지니라(잠언 4장 7절).

원 포인트 하나님의 지혜를 구해요.

★ welcome ★

내가 받고 싶은 선물은?

생일에 받고 싶은 선물을 그려 보세요.

★ adventure ★

성경 이야기를 색칠하고 말씀을 따라 써 보세요.

솔로몬이 여호와 하나님을 사랑하여
기브온에서 하나님께 *일천 번제를 드렸어요.

밤에 하나님이 솔로몬의 꿈에 나타나셔서
"네가 원하는 것을 구하여라!"라고 말씀하셨어요.

솔로몬이 자신은 작은 아이와 같기 때문에
지혜를 달라고 기도했어요.

하나님은 지혜를 구한 솔로몬을 보시고
기뻐하시며 솔로몬에게 지혜를 주셨어요.

단어 설명

일천 번제(4절) 천 마리의 짐승을 잡아 제단에 태워 드리는 제사를 말해요.

부록 147쪽

하나님이 주시는 지혜 선물

하나님께 지혜를 구하여 지혜를 선물로 받은 솔로몬을 기억하며, 나도 하나님께 지혜를 구하기로 다짐해요. 이를 위해 '하나님이 주시는 지혜 선물'을 만들어 보세요.

"나 ______________ 은/는 하나님이 주시는 지혜를 구해요."

준비물

부록 공과 자료,
색연필

활동 방법

1 부록 공과 자료(선물 상자, 하나님이 주시는 지혜)를 뜯어요.
2 부록 선물 상자의 '하나님이 주시는 선물' 글자를 색연필로 색칠해요.
3 색연필로 부록 '하나님이 주시는 지혜'를 예쁘게 꾸며요.
4 선물 상자의 접는 선을 따라 접어요.
5 '하나님이 주시는 지혜'를 선물 상자에 넣고 선물 상자를 완성해요.

encourage

학습 요점

1. 하나님의 지혜를 구해야 함을 알아요.
2. 하나님의 지혜를 구하며 살아요.

이번 주 미션

학교와 가정, 교회, 온라인에서 하나님께 어떤 지혜를 구해야 하는지 적어 보세요.

	어디서나 하나님의 지혜를 구해요!
학교	
가정	
교회	
온라인	

이번 주 실천 사항

성경 읽기	기도하기	말씀 암송	이번 주 미션

8단원 3과

하나님의 지혜를 의지해요

읽을 말씀 열왕기상 3장 16~28절

외울 말씀 지혜와 권능이 하나님께 있고 계략과 명철도 그에게 속하였나니 (욥기 12장 13절).

원 포인트 하나님의 지혜를 의지해요.

welcome

다리가 아플 때?

다리가 아플 때 무엇을 의지하는 것이 좋을지 다음 그림에서 한 가지를 선택하고, 선택한 이유를 나눠 보세요.

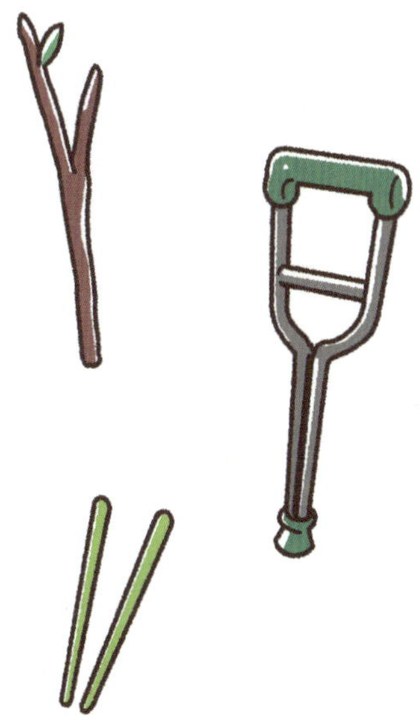

adventure

성경 이야기 그림에서 숨은 글자를 찾아서 적어 보세요.

value

모든 순간 하나님의 지혜를 의지해요

내가 하나님의 지혜를 의지해야 하는 순간을 그려 보세요.

"나 ______________ 은/는 모든 순간에

______________ 이 주시는 지혜를 의지하며 살아가요."

encourage

학습 요점

1. 솔로몬 왕처럼 하나님의 지혜를 의지해야 함을 알아요.
2. 모든 순간에 하나님의 지혜를 의지하며 살아요.

이번 주 미션

모든 순간에 하나님의 지혜를 의지하며 살기로 계획하는 플래너를 작성해 보세요.

하나님의 지혜 의지 플래너		
어떤 순간에?	이렇게 의지할래요!	하나님의 지혜를 의지했나요?

이번 주 실천 사항

성경 읽기	기도하기	말씀 암송	이번 주 미션

8단원 4과

하나님이 우리와 함께하세요

읽을 말씀 열왕기상 6장 1~13절

외울 말씀 나는 너희 중에 행하여 너희의 하나님이 되고 너희는 내 백성이 될 것이니라(레위기 26장 12절).

원 포인트 하나님이 하나님의 백성과 함께하심을 알아요.

welcome

나의 가장 친한 친구는?

가장 친한 친구는 누구인가요? 그 친구와 가장 친한 이유를 나눠 보세요.

나의 가장 친한 친구는?

나와 가장 친한 이유는?

adventure

설교 말씀을 떠올리며 가로세로 낱말 퀴즈를 풀어 보세요.

1				
2				
		3		
	4			
	5			

가로 문제

2 솔로몬이 여호와 하나님을 위해 건축한 것은 무엇인가요? (1절)

3 솔로몬은 이스라엘 자손이 애굽 땅에서 나온 지 ○○○년 만에 성전을 건축했어요. (1절) *숫자만 적어 보세요.

5 성전의 건축을 마칠 때, 성전의 지붕으로 ○○○ 나무를 사용했어요. (9절)

세로 문제

1 성전의 가장 안쪽에 있는 공간은 무엇인가요? (5절)

4 검은색과 흰색을 아울러 이르는 말은 무엇인가요?

단어 설명

지성소(5절) 대제사장만 들어갈 수 있었던 성전의 가장 안쪽 공간을 말해요.

value

하나님이 함께하시는 하루

모든 순간에 하나님이 함께하심을 기억하며, 나의 하루를 그려 보세요.

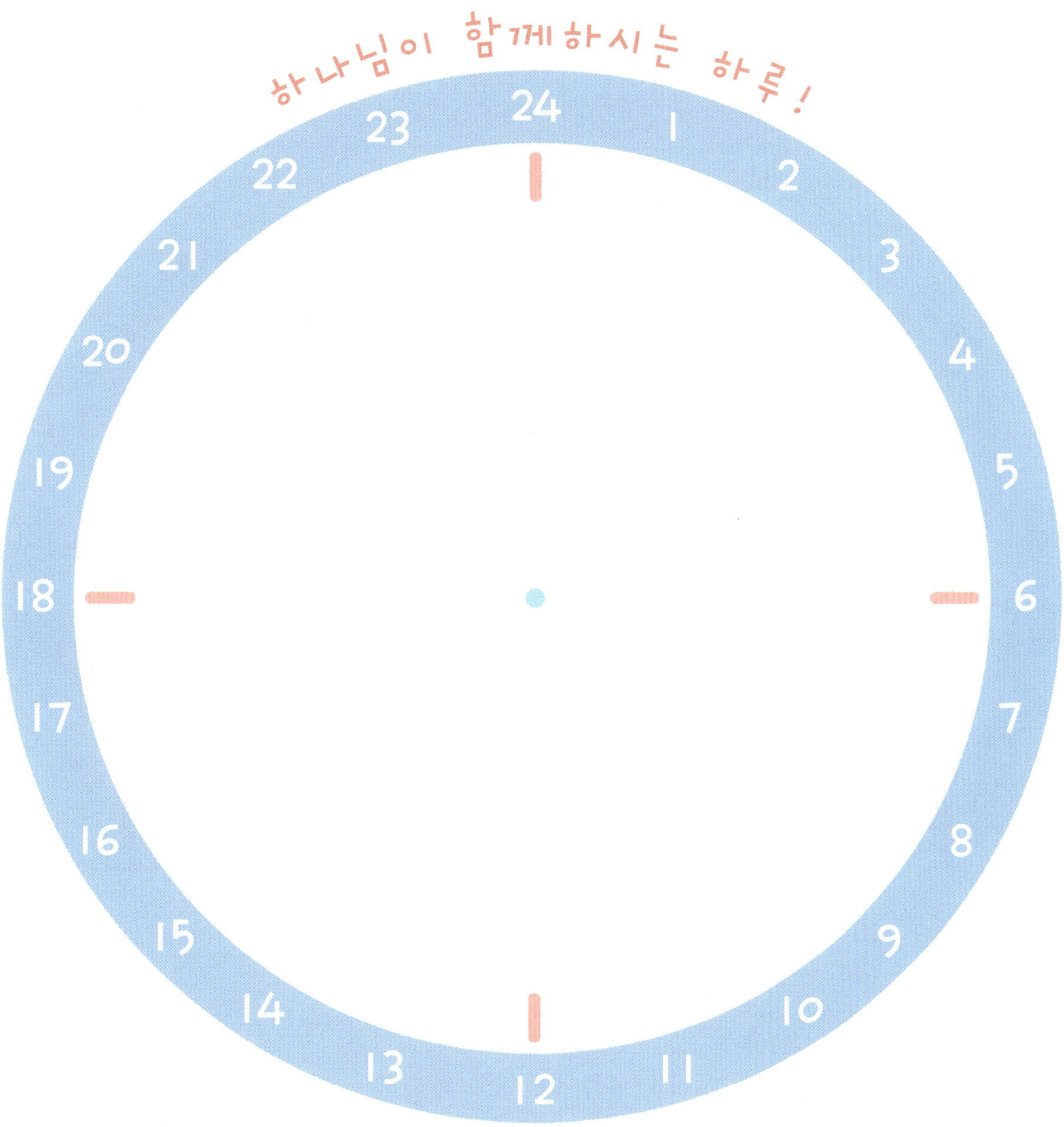

"나 ______________ 은/는 모든 순간에 하나님이 함께하심을 기억할래요."

encourage

학습 요점

1. 하나님이 함께하심을 알아요.
2. 하나님이 항상 함께하심을 기억하며 살아요.

이번 주 미션

항상 함께하시는 하나님을 기억하며 하나님께 감사한 마음을 담아 편지를 써 보세요.

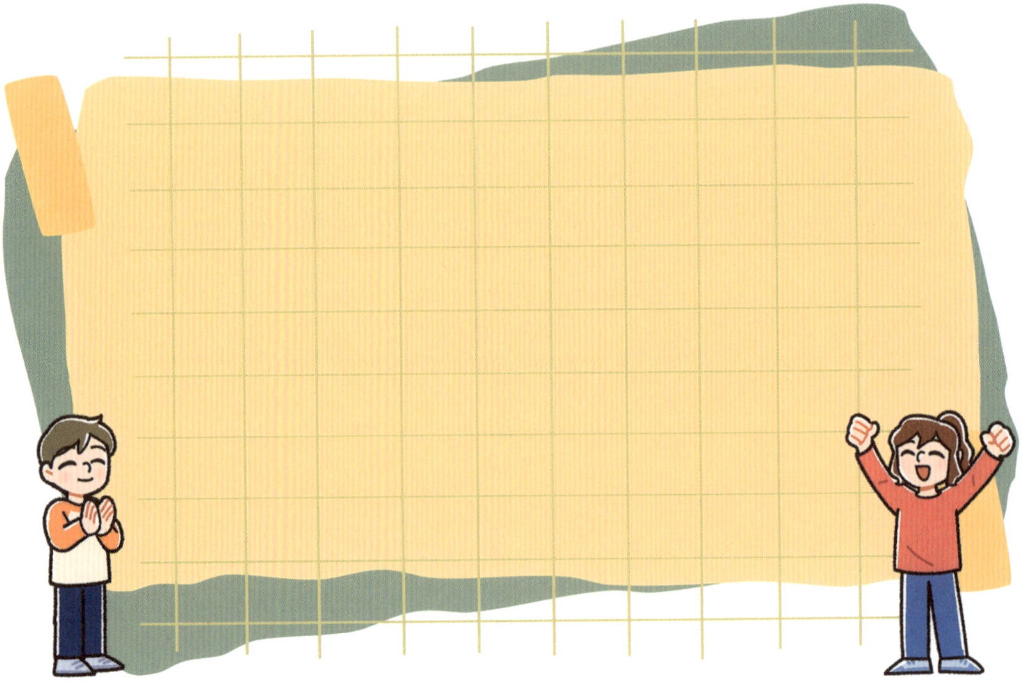

이번 주 실천 사항

성경 읽기	기도하기	말씀 암송	이번 주 미션

하나님 나라의 통치 2

9단원

unit 9

9단원 1과

하나님의 은혜에 감사해요

읽을 말씀 열왕기상 8장 54~66절

외울 말씀 주를 두려워하는 자를 위하여 쌓아 두신 은혜 곧 주께 피하는 자를 위하여 인생 앞에 베푸신 은혜가 어찌 그리 큰지요(시편 31편 19절).

원 포인트 하나님이 주신 은혜에 감사해요.

welcome

생각해 보세요

한 어린이가 어른이 되기까지 누구의 도움을 받고 성장할 수 있는지를 적고 이야기를 나눠 보세요.

adventure

성경 이야기를 색칠하고 <보기>에서 알맞은 단어를 찾아 빈칸을 채워 보세요.

보기 십이만 | 솔로몬 | 감사 | 은혜

□□□이 무릎을 꿇고 손을 펴서 하늘에 계신 하나님께 기도했어요.

솔로몬은 하나님이 이스라엘 백성에게 주신 □□를 이야기했어요.

솔로몬과 이스라엘 백성이 하나님께 소 이만 이천 마리와 양 □□□ 마리로 감사의 제사를 드렸어요.

솔로몬은 하나님이 베푸신 은혜에 □□하고 기뻐했어요.

단어 설명

태평(56절) 나라가 안정되어 아무런 걱정이 없고 평안한 것을 뜻해요.

봉헌식(63절) 하나님께 드리는 의식을 뜻해요.

value

감사 컬러링

○가 표시된 영역을 색칠하여 숨어 있는 단어를 찾고 결심 문장을 완성해 보세요.

"나 ____________은/는 하나님이 주신 은혜에

____________하며 살래요."

encourage

학습 요점

1. 하나님이 주신 은혜에 감사해야 한다는 것을 알아요.
2. 날마다 하나님께 감사하며 살아요.

이번 주 미션

한 주간 하나님께 감사한 것을 감사 노트에 적어 보세요.

월
화
수
목
금
토

이번 주 실천 사항

성경 읽기	기도하기	말씀 암송	이번 주 미션

9단원 2과

오직 하나님만 사랑해요

읽을 말씀 열왕기상 11장 1~13절

외울 말씀 사람아 주께서 선한 것이 무엇임을 네게 보이셨나니 여호와께서 네게 구하시는 것은 오직 정의를 행하며 인자를 사랑하며 겸손하게 네 하나님과 함께 행하는 것이 아니냐(미가 6장 8절).

원 포인트 오직 하나님만 사랑해요.

welcome

어떤 팀을 응원하고 있나요?

다음 상황에 대해 생각해 보고 걱정하고 있는 아이는 어떻게 행동해야 할지 함께 이야기를 나눠 보세요.

★ adventure ★

성경 이야기를 떠올리며, 다음의 세 가지 문제를 풀어 보세요.

1 하나님은 예전에 이스라엘 백성에게 이방 사람들과 __________ 하지 말라고 하셨어요. (2절)

2 솔로몬이 바로의 딸 외에 __________ 의 많은 여인을 사랑했어요. 심지어 솔로몬은 *후궁 __________ 명과 *첩 __________ 명을 두었고, 그들의 신을 섬겼어요. (1, 3절)

3 솔로몬은 아버지 __________ 처럼 하나님만을 온전히 따르지 않았어요. (6절)

단어 설명

통혼(2절) 결혼하여 부부가 되는 것을 뜻해요.
후궁(3절) 왕비의 자리에서 밀린 왕의 아내를 뜻해요.
첩(3절) 정식 아내가 아닌 아내를 뜻해요.

value

사랑 토너먼트

사랑 토너먼트를 통해 내가 사랑하는 것의 순위를 매겨 보세요.

"나 ____________ 은/는 오직 하나님만 ____________ 하며 살래요."

★ encourage ★

학습 요점

1. 오직 하나님만 사랑하며 살아야 한다는 것을 알아요.
2. 오직 하나님만 사랑하며 살아요.

이번 주 미션

한 주간 하나님만 사랑하며 살기 위해 해야 할 것을 적고 실천해 보세요.

	하나님을 사랑하며 살기 위해 해야 할 것	실행 여부
월		
화		
수		
목		
금		
토		

이번 주 실천 사항

성경 읽기	기도하기	말씀 암송	이번 주 미션

9단원 3과

마음을 하나님께로 향해요

읽을 말씀 열왕기상 12장 25~33절

외울 말씀 모든 지킬 만한 것 중에 더욱 네 마음을 지키라 생명의 근원이 이에서 남이니라(잠언 4장 23절).

원 포인트 우리의 마음을 하나님께로 향해요.

welcome

어디로 가야 할까요?

다음 그림을 보고, 어린이가 어디로 가야 할지 함께 이야기를 나눠 보세요.

★ adventure ★

열왕기상 12장 25~30절을 읽고 빈칸에 들어갈 말을 <보기>에서 찾아 넣으세요.

보기 예루살렘 | 르호보암 | 금송아지 | 여로보암 | 죄

25 □□□□이 에브라임 산지에 세겜을 건축하고 거기서 살며 또 거기서 나가서 부느엘을 건축하고

26 그의 마음에 스스로 이르기를 나라가 이제 다윗의 집으로 돌아가리로다

27 만일 이 백성이 □□□□에 있는 여호와의 성전에 제사를 드리고자 하여 올라가면 이 백성의 마음이 유다 왕 된 그들의 주 □□□□에게로 돌아가서 나를 죽이고 유다의 왕 르호보암에게로 돌아가리로다 하고

28 이에 계획하고 두 □□□□를 만들고 무리에게 말하기를 너희가 다시는 예루살렘에 올라갈 것이 없도다 이스라엘아 이는 너희를 애굽 땅에서 인도하여 올린 너희의 신들이라 하고

29 하나는 벧엘에 두고 하나는 단에 둔지라

30 이 일이 □가 되었으니 이는 백성들이 단까지 가서 그 하나에게 *경배함이더라

단어 설명

경배(30절) 예배하는 것을 말해요.

하나님을 향해 달려가요

나의 마음을 하나님께로 향해야 한다는 것을 기억하면서 미로를 통과해 보세요.

"나 ____________ 은/는

나의 마음을 ____________ 께로 향하며 살래요."

encourage

학습 요점

1. 나의 마음을 하나님께로 향해야 한다는 것을 알아요.
2. 나의 마음을 하나님께로 향하며 살아요.

이번 주 미션

나의 마음이 하나님께로 향했던 날을 그림 일기로 그려 보세요.

년 월 일 요일 날씨

이번 주 실천 사항

성경 읽기	기도하기	말씀 암송	이번 주 미션

9단원 4과

정직한 마음을 가져요

읽을 말씀 열왕기상 15장 9~15절

외울 말씀 하나님이여 내 속에 정한 마음을 창조하시고 내 안에 정직한 영을 새롭게 하소서(시편 51편 10절).

원 포인트 하나님 앞에서 정직해야 해요.

welcome

어떻게 이야기해야 할까요?

다음 상황을 보고 나는 어떻게 이야기해야 할지 함께 이야기를 나눠 보세요.

adventure

성경 말씀을 기억하며, 이야기 속 숨은 그림을 찾아보세요.

보기 부메랑 | 우산 | 신발 | 성경책 | 왕관

단어 설명

태후(13절) 왕의 살아 있는 어머니를 뜻해요.

value

부록 148쪽

정직하게 반응해요

다음 상황에서 어떻게 반응해야 할지 표현해 보세요.

어려운 일을 당할 때

친구가 주일 예배 시간에 놀자고 했을 때

이웃이 어려움을 당할 때

붙이는 곳

붙이는 곳

붙이는 곳

"나 ____________ 은/는 하나님 앞에서 __________ 하게 살기로 다짐해요."

준비물

부록 공과 자료, 풀

활동 방법

1 부록 공과 자료를 뜯어요.
2 각 상황에 맞는 그림을 선택해요.
3 선택한 그림 뒤에 풀칠하여 붙이는 곳에 붙여요.

encourage

학습 요점

1. 하나님 앞에서 정직하게 살아야 함을 알아요.
2. 하나님 앞에서 정직하게 살아요.

이번 주 미션

한 주간 정직하게 살겠다고 다짐하는 마음을 담아 하나님께 편지를 작성해 보세요.

To. 하나님

From. ______________

이번 주 실천 사항

성경 읽기	기도하기	말씀 암송	이번 주 미션

하나님 나라의 통치 2

10단원

unit 10

10단원 1과

고난은 하나님을 알게 해요

읽을 말씀 열왕기상 17장 17~24절

외울 말씀 고난 당한 것이 내게 유익이라 이로 말미암아 내가 주의 율례들을 배우게 되었나이다(시편 119편 71절).

원 포인트 고난을 통해 하나님을 알게 돼요.

welcome

연상되는 단어를 맞혀라!

선생님의 설명을 듣고 연상되는 단어를 맞혀 보세요.

adventure

성경 이야기를 떠올리며, 다음의 세 가지 문제를 풀어 보세요.

1 사르밧 과부가 자신의 아들이 죽었을 때 엘리야에게 했던 이야기를 완성해 보세요.
"__________의 사람이여 당신이 나와 더불어 무슨 상관이 있기로 내 ______를 생각나게 하고 또 내 아들을 죽게 하려고 내게 오셨나이까." (18절)

2 엘리야가 살아난 아이를 안고 오면서 사르밧 과부에게 한 말을 완성해 보세요.
"보라 네 아들이 ____________________." (23절)

3 살아난 아들을 본 사르밧 과부는 엘리야가 하나님의 사람인 것을 고백하고 누구의 말씀이 진실한 줄 알겠다고 고백했나요? (24절)

____

단어 설명

위중(17절) 병이 심각한 것을 말해요.

value

'고난 속에서 하나님 알아 가기' 빙고

고난 속에서 하나님을 알아 가기 위해 우리가 해야 하는 일을 다음 빙고 칸에 적어 주세요. 그리고 빙고 활동을 진행해요.

고난 속에서 하나님 알아 가기

고난 속에 우리가 해야 하는 것들

하나님께 기도하기
하나님을 원망하기
하나님의 말씀 읽기
하나님을 찬양하기
부모님 말씀 안 듣기
내게 주어진 일에 최선을 다하기
하나님께 감사하기
하나님을 믿고 인내하기
친구들과 함께 기도하기
하나님께 예배드리기
예배드리지 않기
나쁜 말 하기

"______________을 통해

______________을 알아 갈 수 있음을 기억해요."

활동 방법

1 고난 속에서 하나님을 알아 가기 위해 우리가 해야 하는 일을 '고난 속에 우리가 해야 하는 것들'에서 찾아 빙고 판에 적어 보세요.
2 빙고 판에 모두 적고 나서 가위바위보를 하여 순서를 정해요.
3 순서에 따라 가로세로 대각선 세 줄 빙고를 완성할 때까지 활동을 진행해요.
4 세 줄 빙고를 완성한 어린이는 "고난 속에서도 하나님을 알아 갈 수 있음을 기억해요!"라고 외쳐요. 가장 먼저 외친 어린이가 승리해요.

encourage

학습 요점

1. 고난을 통해 하나님을 알아 갈 수 있음을 알아요.
2. 고난을 통해 하나님을 알아 가는 삶을 실천해요.

이번 주 미션

한 주간 고난 속에서 하나님을 알아 갔던 일을 작성해 보세요.

이번 주에 겪었던 어려웠던 일

고난 속에서 내가 한 일

고난 속에서 받은 하나님의 은혜

이번 주 실천 사항

성경 읽기	기도하기	말씀 암송	이번 주 미션

10단원 2과

여호와만 참 하나님이세요

읽을 말씀 열왕기상 18장 30~40절

외울 말씀 여호와가 우리 하나님이신 줄 너희는 알지어다 그는 우리를 지으신 이요 우리는 그의 것이니 그의 백성이요 그의 기르시는 양이로다(시편 100편 3절).

원 포인트 여호와만 참 하나님이세요.

welcome

진짜를 찾아라

선생님의 어느 손에 동전이 있는지 찾는 게임을 진행해 보세요.

adventure

엘리야가 바알과 아세라의 선지자와 대결하는 모습을 색칠해 보세요.

단어 설명

도랑(32절) 매우 좁고 작은 개울을 뜻해요.

value

부록 149쪽

명패로 드러내요

우리 하나님이 진짜 하나님이심을 드러내는 명패를 만들어 보세요.

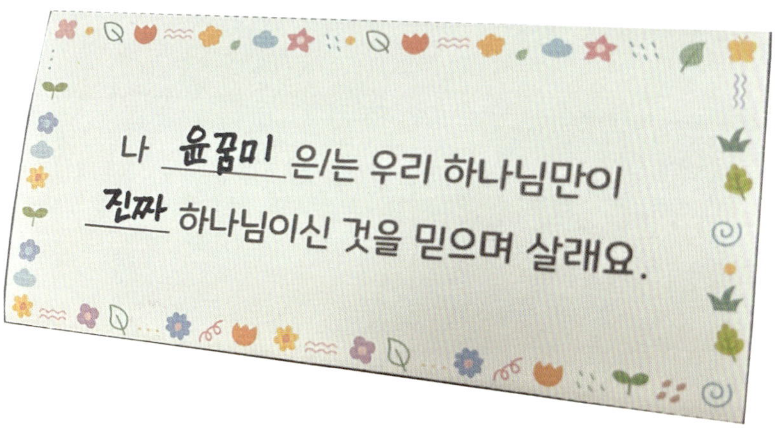

준비물

부록 공과 자료,
색연필, 풀

활동 방법

1 부록 공과 자료(명패)를 뜯어요.
2 '우리 하나님이 진짜 하나님!'을 색연필로 예쁘게 색칠하고 꾸며요.
3 다짐문을 작성해요.
4 접는 선을 따라 접고, 풀칠하는 곳에 풀칠하여 삼각형 명패를 완성해요.

encourage

학습 요점

1. 우리 하나님이 참 하나님이심을 알아요.
2. 우리 하나님을 드러내는 삶을 실천해요.

이번 주 미션

한 주간 가정, 학교, 교회에서 참 하나님이 되시는 하나님을 드러내기 위해 내가 해야 할 일을 적고 실천해 보세요.

가정에서 :

학교에서 :

교회에서 :

이번 주 실천 사항

성경 읽기	기도하기	말씀 암송	이번 주 미션

10단원 3과

하나님은 모든 죄를 아세요

읽을 말씀 열왕기상 21장 17~29절

외울 말씀 자기의 죄를 숨기는 자는 형통하지 못하나 죄를 자복하고 버리는 자는 불쌍히 여김을 받으리라(잠언 28장 13절).

원 포인트 하나님은 나의 모든 죄를 아시는 분이세요.

welcome

진실을 말해요

다음 상황에서 우리는 어떻게 말해야 할지 함께 이야기를 나눠 보세요.

★ adventure ★

열왕기상 21장 말씀을 찾아 가로세로 낱말 퀴즈를 풀어 보세요.

3				1
4				
			2	

가로 문제

2 포도원의 주인은 누구인가요? (1절)

3 근심한 아합 왕의 모습을 보고 나봇의 포도원을 빼앗으려고 한 사람은 누구인가요? (7절)

4 하나님은 누구를 통해 아합 왕에게 심판의 메시지를 전하셨나요? (17절)

세로 문제

1 아합 왕이 탐낸 것은 무엇인가요? (2절)

3 나봇의 포도원은 어디에 있었나요? (1절)

단어 설명

충동(25절) 어떤 일을 하도록 마음을 심하게 흔들어 놓는 것을 말해요.

value

짝을 찾아 색칠해요!

하나님이 우리의 모든 죄를 아신다는 것을 기억하며, 알맞은 칸에 색칠하는 활동을 해 보세요.

	1	2	3	4	5	6	7	8	9	10	11	12	13
A													
B													
C													
D													
E													
F													
G													
H													
I													
J													
K													

색칠할 칸

A3 / A6 / A11 / A13
B1 / B2 / B3 / B4 / B5 / B6 / B11 / B13
C3 / C6 / C8 / C9 / C11 / C13
D2 / D4 / D6 / D9 / D11 / D13
E2 / E4 / E6 / E9 / E11 / E12 / E13
F3 / F6 / F9 / F11/ F13
G6 / G9 / G11 / G13
H3 / H6 / H11 / H13
I1 / I2 / I3 / I4 / I5 / I6 / I11 / I13
J6 / J11 / J13
K6 / K11 / K13

"나 ____________ 은/는

나의 모든 죄를 아시는 하나님께

____________ 하며 살래요."

encourage

학습 요점

1. 하나님은 나의 모든 죄를 아시는 분이심을 알아요.
2. 모든 죄를 아시는 하나님께 회개하는 삶을 살아요.

이번 주 미션

한 주간 내가 회개해야 할 것들을 기억하며 하나님께 회개 기도문을 작성해 보세요.

회개 기도문

이번 주 실천 사항

성경 읽기	기도하기	말씀 암송	이번 주 미션

10단원 4과

하나님은 능력을 주세요

읽을 말씀 열왕기하 2장 1~18절

외울 말씀 내게 능력 주시는 자 안에서 내가 모든 것을 할 수 있느니라(빌립보서 4장 13절).

원 포인트 하나님은 능력을 주시는 분이세요.

welcome

한 가지를 받을 수 있다면?

다음 중에서 한 가지 능력을 받을 수 있다면 무엇을 선택할지 이야기하고, 그 이유를 친구들과 나눠 보세요.

adventure

성경 이야기를 떠올리며, 다음의 세 가지 문제를 풀어 보세요.

1 엘리야와 엘리사를 갈라놓은 것은 무엇인가요? (11절) ____________

2 엘리야는 무엇으로 하늘에 올라갔나요? (11절)
① 회오리 바람 ② 비 ③ 우박

3 엘리야가 하늘에 올라간 후 엘리야의 성령이 누구에게 임했나요? (15절) ____________

단어 설명

강청(17절) 무리하게 억지로 요청하는 것을 말해요.

value

단어를 완성하라!

출구로 가는 길에 놓여진 자음과 모음을 합쳐서 다짐문을 완성해 보세요.

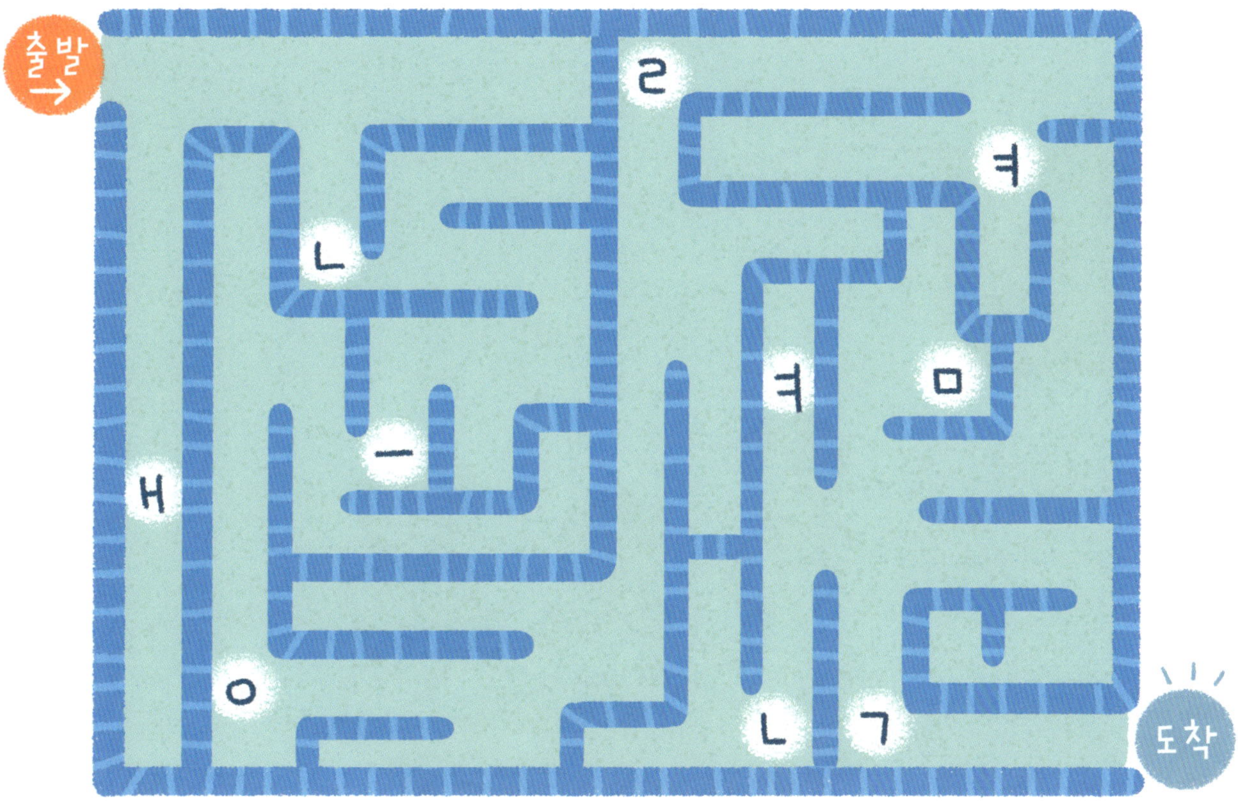

"나 ______________ 은/는

______________ 을 주시는 하나님을 믿고 의지하며 살래요."

encourage

학습 요점

1. 하나님은 능력을 주시는 분이심을 알아요.
2. 능력을 주시는 하나님을 믿고 의지하며 살아요.

이번 주 미션

능력을 주시는 하나님께 가정예배를 드려 보세요.

미션 1	'전능하신 나의 주 하나님은' 찬양 부르기
미션 2	전능하신 하나님을 믿고 의지하며 살 수 있는 가정이 되게 해 달라고 기도하며 예배하기

이번 주 실천 사항

성경 읽기	기도하기	말씀 암송	이번 주 미션

10단원 5과

하나님은 생명을 다스리세요

읽을 말씀 열왕기하 4장 29~37절

외울 말씀 진실로 생명의 원천이 주께 있사오니 주의 빛 안에서 우리가 빛을 보리이다(시편 36편 9절).

원 포인트 하나님은 생명을 다스리시는 분이세요.

welcome

누가 다스리나요?

각 영역을 누가 다스리는지 연결해 보세요.

동물들 비행기 나라

adventure

성경 이야기를 색칠하고 <보기>에서 알맞은 단어를 찾아 빈칸을 채워 보세요.

보기 엘리사 | 기도 | 수넴 | 일곱

□□ 여인은 엘리사를 지극히 섬겼고,
이로 인해 아들을 낳게 되었어요.

수넴 여인이 □□□ 에게
자신의 아들을 살려 달라고 이야기했어요.

엘리사는 문을 닫고,
하나님께 □□ 했어요.

수넴 여인의 아들이 □□ 번 기침하고
눈을 떴어요.

단어 설명

침상(32절) 누워서 잘 수 있도록 만든 가구를 뜻해요.

암호를 해독해요!

암호를 해독하여 하나님이 어떤 분이신지를 기억하는 단어를 찾아 적어 보세요.

1	ㄱ	5	ㅁ	A	ㅏ	E	ㅓ
2	ㄴ	6	ㅂ	B	ㅐ	F	ㅔ
3	ㄷ	7	ㅅ	C	ㅑ	G	ㅕ
4	ㄹ	8	ㅇ	D	ㅒ	H	ㅖ

"나 ______________ 은/는 하나님이 ______________ 을

다스리시는 분이심을 믿으며 살래요."

encourage

학습 요점

1. 하나님은 생명을 다스리시는 분이심을 알아요.
2. 생명을 다스리시는 하나님을 기억하며 살아요.

이번 주 미션

하나님이 생명을 다스리시는 분이심을 기억하며 살 수 있게 해 달라는 기도문을 작성해 보세요.

기 도 문

이번 주 실천 사항

성경 읽기	기도하기	말씀 암송	이번 주 미션

하나님 나라의 통치 2

11단원

unit 11

1과 하나님이 깨끗하게 하셨어요

2과 하나님의 말씀은 성취돼요

3과 하나님께 돌아가요

4과 하나님은 우리를 지키세요

11단원 1과

하나님이 깨끗하게 하셨어요

읽을 말씀 열왕기하 5장 1~14절

외울 말씀 율법을 따라 거의 모든 물건이 피로써 정결하게 되나니 피흘림이 없은즉 사함이 없느니라(히브리서 9장 22절).

원 포인트 하나님은 우리를 깨끗하게 하시는 분이세요.

welcome

어떻게 해야 할까요?

다음 그림 속에 있는 것을 어떻게 하면 깨끗하게 할 수 있을지 적고 친구들과 나눠 보세요.

adventure

성경 이야기를 떠올리며, 다음의 세 가지 문제를 풀어 보세요.

1 빈칸을 채워 말씀을 완성해 보세요.
"아람 왕의 군대 장관 나아만은 그의 주인 앞에서 크고 존귀한 자니 … 그는 큰 용사이나 ________________더라." (1절)

2 엘리사는 나아만 장군에게 어느 강에서 몸을 몇 번 씻으라고 했나요? (10절)

____

3 요단 강에서 일곱 번 몸을 씻은 나아만 장군은 어떻게 되었나요?
"그의 살이 ________________의 살 같이 회복되어 ________________하게 되었더라." (14절)

단어 설명

나병(1절) 피부가 붉게 되고, 마비되어 눈썹이 빠지고 손과 발과 얼굴이 변형되는 질병을 말해요.

value

우리도 깨끗하게 하셨어요!

하나님은 나아만 장군뿐만 아니라 우리도 깨끗하게 하셨어요. 하나님이 누구를 통해 우리를 죄로부터 깨끗하게 하셨는지 기억하며 그림을 색칠해 보세요.

"하나님이 나 ____________을/를

깨끗하게 해 주셨음을 믿으며 살래요."

encourage

학습 요점

1. 하나님이 우리를 깨끗하게 하시는 분이심을 알아요.
2. 우리를 깨끗하게 하시는 하나님을 믿고 의지하며 살아요.

이번 주 미션

우리를 죄에서 깨끗하게 하신 하나님께 감사 편지를 작성해 보세요.

TO. 나를 깨끗하게 하신 하나님

From. ______________

이번 주 실천 사항

성경 읽기	기도하기	말씀 암송	이번 주 미션

11단원 2과

하나님의 말씀은 성취돼요

읽을 말씀 열왕기하 7장 9~20절

외울 말씀 말씀을 멸시하는 자는 자기에게 패망을 이루고 계명을 두려워하는 자는 상을 받느니라(잠언 13장 13절).

원 포인트 하나님의 말씀은 반드시 성취돼요.

welcome

잘했어, 괜찮아

올해를 시작할 때 세운 목표를 어떻게 이루고 있는지 적고 이야기를 나눠 보세요.

올해 나의 목표	
나의 목표	목표를 이루었나요?
1.	
2.	
3.	

adventure

열왕기하 7장 16~20절을 읽고 빈칸에 들어갈 말을 <보기>에서 찾아 넣으세요.

보기 하늘 | 장관 | 사마리아 | *매매 | 밀가루 | 성문

16 백성들이 나가서 아람 사람의 진영을 노략한지라 이에 고운 □□□ 한 *스아에 한 세겔이 되고 보리 두 스아가 한 세겔이 되니 여호와의 말씀과 같이 되었고

17 왕이 그의 손에 의지하였던 그의 □□을 세워 성문을 지키게 하였더니 백성이 성문에서 그를 밟으매 하나님의 사람의 말대로 죽었으니 곧 왕이 내려왔을 때에 그가 말한 대로라

18 하나님의 사람이 왕에게 말한 바와 같으니 이르기를 내일 이맘 때에 □□□□ 성문에서 보리 두 스아를 한 세겔로 □□하고 고운 밀가루 한 스아를 한 세겔로 □□하리라 한즉

19 그 때에 이 장관이 하나님의 사람에게 대답하여 이르되 여호와께서 □□에 창을 내신들 어찌 이 일이 있으랴 하매 대답하기를 네가 네 눈으로 보리라 그러나 그것을 먹지는 못하리라 하였더니

20 그의 장관에게 그대로 이루어졌으니 곧 백성이 □□에서 그를 밟으매 죽었더라

단어 설명

스아(16절) 밀가루나 곡물의 양을 측량하는 단위를 말해요.

매매(18절) 물건을 사고 파는 일을 말해요.

value

무엇을 이루셨을까?

하나님의 말씀이 반드시 이루어지는 것을 믿나요? 하나님이 어떤 말씀을 이루셨는지 그림을 그려 보세요.

"나 ______________ 은/는 하나님의 말씀이

______________ 이루어지는 것을 기억할 거예요."

encourage

학습 요점

1. 하나님은 반드시 말씀을 이루신다는 것을 기억해요.
2. 상황보다 하나님을 믿고 의지하는 삶을 살아요.

이번 주 미션

여러 상황 속에서, 하나님의 어떤 말씀을 기억하며 의지할지 가족들과 나누고 적어 보세요.

상황	기억할 말씀
1. 감사할 때	
2. 무섭거나 두려울 때	
3. 억울할 때	
4.	

이번 주 실천 사항

성경 읽기	기도하기	말씀 암송	이번 주 미션

11단원 3과

하나님께 돌아가요

읽을 말씀 열왕기하 11장 13~21절

외울 말씀 하나님이여 우리를 돌이키시고 주의 얼굴빛을 비추사 우리가 구원을 얻게 하소서(시편 80편 3절).

원 포인트 우상을 버리고 하나님께 돌아가요.

welcome

나의 머릿속은?

나의 머릿속은 무엇으로 가득 차 있나요? 내가 관심이 있는 것 또는 좋아하는 것을 적고 이야기를 나눠 보세요.

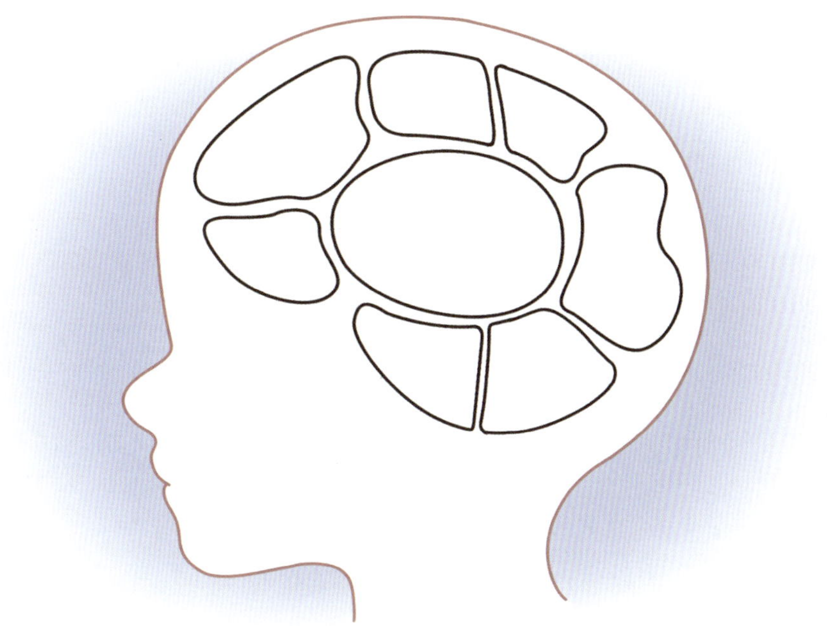

adventure

설교 말씀을 떠올리며 가로세로 낱말 퀴즈를 풀어 보세요.

4				5
1				
			2	
		6		
	3			

가로 문제

1 유다 여왕으로서, 바알을 섬긴 사람은 누구인가요?

2 여호야다가 여호와와 언약을 세운 후 백성들은 ○○의 신당을 허물었어요. (18절)

3 아달랴를 몰아내고 요아스를 새로운 유다의 왕으로 세운 제사장은 누구인가요?

세로 문제

4 제사장 여호야다가 새롭게 세운 유다의 왕의 이름은 무엇인가요? (21절)

5 오리가 알을 낳으면 무엇이라 부르나요? (힌트: ㅇㄹㅇ)

6 차례를 나타내는 숫자는 무엇인가요? (힌트: 전회 ○○)

value

하나님께로 가요

하나님께로 갈 수 있도록 빈칸에 알맞은 화살표를 넣어 보세요.

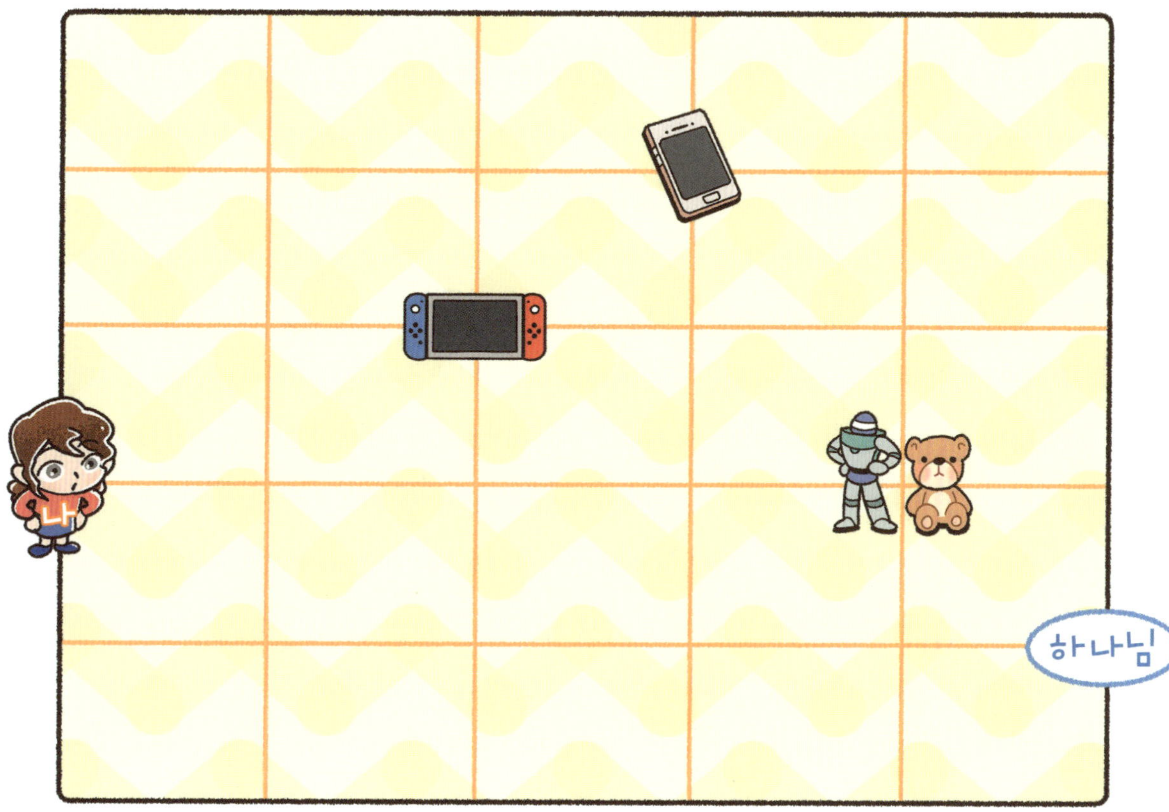

1)

→	→	↘		

2)

↑	↑	→	→	↘	↓		

3)

"나 ______________ 은/는

하나님으로 나의 마음을 가득 채우기로 다짐해요."

encourage

학습 요점

1. 하나님보다 좋아하는 것이 있다면 버려야 함을 알아요.
2. 하나님을 사랑하는 마음이 가득한 삶을 살아요.

이번 주 미션

한 주간 가정과 학교에서 무엇으로 나의 생각과 마음을 채웠는지 작성해 보세요.

요일	가정	학교
월		
화		
수		
목		
금		

이번 주 실천 사항

성경 읽기	기도하기	말씀 암송	이번 주 미션

11단원 4과

하나님은 우리를 지키세요

읽을 말씀 열왕기하 13장 14~25절

외울 말씀 여호와께서 너를 실족하지 아니하게 하시며 너를 지키시는 이가 졸지 아니하시리로다(시편 121편 3절).

원 포인트 하나님은 하나님의 백성을 지키세요.

welcome

한 글자씩 말해요

두세 명씩 짝을 지어 단어를 한 글자씩 번갈아 가며 말해 보세요.

★ adventure ★

성경 이야기를 떠올리며, 다음의 세 가지 문제를 풀어 보세요.

1 엘리사가 요아스에게 가져오도록 한 것을 그림에서 찾아보세요. (2개)

2 빈칸을 채워 말씀을 완성해 보세요.
"여호와께서 아브라함과 이삭과 야곱과 더불어 세우신 ________ 때문에 이스라엘에게 ________를 베풀며 그들을 불쌍히 여기시며 돌보사." (23절)

3 빈칸을 채워 말씀을 완성해 보세요.
"요아스가 벤하닷을 ______ 번 쳐서 무찌르고 이스라엘 성읍들을 회복하였더라." (25절)

단어 설명

병거와 마병(14절) 전쟁에서 쓰이는 수레와 말을 타고 전투하는 군인을 말해요.
멸절(17절) 무찔러서 아주 없어지는 것을 말해요.

value

부록 150-151쪽

나를 지켜 주는 우산

이스라엘을 지키셨던 하나님을 떠올리며 우리를 지켜 주시는 하나님을 의지하기로 다짐해요.

"나 ______________은/는 나를 지켜 주시는 하나님을 기억하고 의지하기로 다짐해요."

준비물

부록 공과 자료,
풀, 색연필

활동 방법

1 부록 공과 자료(알록달록 우산, 카드)를 뜯어요.
2 색연필로 '하나님이 나를 지켜 주세요'를 따라 적고 예쁘게 꾸며요.
3 알록달록한 종이를 앞뒤로 번갈아 접고, 반으로 접은 후 바깥 면에 풀칠하여 붙이는 곳에 붙여요.
4 종이를 반으로 접고 펼쳐서 우산 카드를 완성해요.

encourage

학습 요점

1. 하나님이 우리를 지켜 주심을 알아요.
2. 우리를 지켜 주시는 하나님을 의지하며 살아요.

이번 주 미션

한 주간 하나님이 나를 지켜 주셨던 순간은 언제인지 생각해 보고, 하나님의 보호를 받은 순간을 글이나 그림으로 표현해 보세요.

하나님이 나를 지켜 주셨어요!

이번 주 실천 사항

성경 읽기	기도하기	말씀 암송	이번 주 미션

하나님 나라의 통치 2

12단원

unit 12

1과 하나님의 말씀에 순종해요

2과 하나님만 믿고 의지해요

3과 하나님께 간절히 기도해요

4과 말씀을 듣고 회개해요

5과 하나님의 백성은 겸손해요

12단원 1과

하나님의 말씀에 순종해요

읽을 말씀 열왕기하 17장 13~23절

외울 말씀 내가 네게 명령하는 이 모든 말을 너는 듣고 지키라 네 하나님 여호와의 목전에 선과 의를 행하면 너와 네 후손에게 영구히 복이 있으리라(신명기 12장 28절).

원 포인트 하나님의 말씀을 듣고 순종해요.

welcome

가위바위보!

선생님과 '조건부 가위바위보' 게임을 해 보세요.

adventure

성경 이야기를 색칠하고 <보기>에서 알맞은 단어를 찾아 빈칸을 채워 보세요.

보기 자기 | 앗수르 | 목 | 율법

하나님은 선지자를 보내어 이스라엘과 유다에게 □□대로 행하라고 말씀하셨어요.

하지만 백성들은 그들의 □을 곧게 하며 듣지 않았어요.

이스라엘 백성은 □□들을 위하여 우상을 만들고 경배했어요.

이에 하나님이 이스라엘을 □□□에게 멸망당하게 하셨어요.

단어 설명

목을 곧게 하기를(14절) 하나님 앞에서 잘못을 뉘우치지 않는 것을 말해요.

노략꾼(20절) 사람이나 재물을 빼앗고 파괴하는 사람을 말해요.

value

부록 152-153쪽

순종 보드게임

하나님의 말씀을 듣고 지키기로 다짐하며 '순종 보드게임' 활동을 해 보세요.

"나 ____________ 은/는 하나님의 말씀에 순종하기를 다짐해요."

준비물

부록 공과 자료,
풀

활동 방법

1 부록 공과 자료(보드게임 판, 주사위)를 뜯어요.
2 주사위 형태를 만들고 풀칠하는 곳에 풀칠하여 완성해요.
3 부록의 말을 뜯어요.
4 차례를 정해 '순종 보드게임'을 진행해요.
5 나온 주사위 수만큼 이동해요.
6 칸에 적힌 문장을 읽고 "순종하겠습니다!"를 외쳐요.

encourage

학습 요점

1. 하나님의 사람은 하나님께 순종해야 함을 알아요.
2. 하나님의 말씀을 듣고 지키는 삶을 살아요.

이번 주 미션

하나님의 말씀에 순종하기를 실천해 보세요

요일	순종 내용
월	
화	
수	
목	
금	

이번 주 실천 사항

성경 읽기	기도하기	말씀 암송	이번 주 미션

12단원 2과

하나님만 믿고 의지해요

읽을 말씀 열왕기하 18장 1~12절

외울 말씀 만군의 여호와여 주께 의지하는 자는 복이 있나이다(시편 84편 12절).

원 포인트 하나님만 믿고 의지해요.

welcome

나만 따라와

눈을 감고 다른 친구의 목소리만 의지해서 따라가 보세요.

adventure

설교 말씀을 기억하며 알맞은 설명을 골라 연결해 보세요.

히스기야

호세아

하나님 명령을 따르지 않음

앗수르가 성을 *함락함

아하스의 아들

엘라의 아들

여호와 보시기에 정직함

느후스단

모세에게 명하신 계명을 지킴

단어 설명

분향(4절) 향을 피워 제사 지내는 것을 말해요.

형통(7절) 모든 일이 다 잘되는 것을 말해요.

함락(10절) 성을 공격하여 무너뜨리는 것을 말해요.

value

짝을 찾아 색칠해요

알맞은 칸에 색칠하는 활동을 통해 우리가 믿고 의지해야 할 분이 누구인지 알아보세요.

	1	2	3	4	5	6	7	8	9	10	11	12	13	14	15	16
A																
B																
C																
D																
E																
F																
G																
H																
I																

색칠할 칸

B5 / B10 / B15
C3 / C5 / C8 / C10 / C13 / C15
D2 / D3 / D4 / D5 / D8 / D10 / D13 / D15
E3 / E5 / E8 / E10 / E13 / E14 / E15
F2 / F4 / F5 / F6 / F8 /F10 / F11 / F15
G3 / G5 / G8 / G9 / G10 / G13 / G14 / G15
H5 / H10 / H13 / H14 / H15

"나 ______________ 은/는

______________ 을 믿고

의지하기로 다짐해요."

encourage

학습 요점

1. 하나님을 믿고 따를 때의 결과를 알아요.
2. 하나님을 믿고 의지하는 삶을 살아요.

이번 주 미션

가정과 학교에서 하나님을 믿고 따르기를 실천해 보세요.

상황	결과
가정에서 하나님 의지하기	
학교에서 하나님 의지하기	

이번 주 실천 사항

성경 읽기	기도하기	말씀 암송	이번 주 미션

12단원 3과

하나님께 간절히 기도해요

읽을 말씀 열왕기하 20장 1~11절

외울 말씀 너는 내게 부르짖으라 내가 네게 응답하겠고 네가 알지 못하는 크고 은밀한 일을 네게 보이리라(예레미야 33장 3절).

원 포인트 하나님은 간절한 기도를 들으세요.

welcome

지금 필요한 것은?

다음 그림 속 사람에게 가장 필요한 것이 무엇인지 적어 보세요.

adventure

성경 말씀을 기억하며, 이야기 속 숨은 그림을 찾아보세요.

보기 안경 | 농구공 | 눈사람 | 칫솔 | 물음표

부록 154쪽

응답 시계

놀라운 능력으로 간절한 기도에 응답하신 하나님을 기억하며 시계 만들기 활동을 해 보세요.

"나 ____________ 은/는 간절한 기도를 들으시며

응답하시는 하나님께 기도하기를 다짐해요."

준비물

부록 공과 자료,
색연필, 송곳, 할핀

활동 방법

1 부록 공과 자료(응답 시계)를 뜯어요.
2 색연필로 '간절히 기도하면 응답받아요'를 따라 적고, 예쁘게 꾸며요.
3 시계 가운데와 시침, 분침을 송곳으로 뚫어요.
4 시계 가운데 부분에 할핀을 넣어 시침과 분침을 고정해요.
5 시침과 분침을 돌려 보아요.

encourage

학습 요점

1. 하나님이 간절한 기도에 응답하심을 알아요.
2. 놀라운 능력으로 응답하시는 하나님께 기도하는 삶을 살아요.

이번 주 미션

가정과 학교에서 기도해야 할 내용을 적고, 간절한 기도에 응답하시는 하나님께 기도해요.

가정	학교

이번 주 실천 사항

성경 읽기	기도하기	말씀 암송	이번 주 미션

12단원 4과

말씀을 듣고 회개해요

읽을 말씀 열왕기하 22장 8~20절

외울 말씀 우슬초로 나를 정결하게 하소서 내가 정하리이다 나의 죄를 씻어 주소서 내가 눈보다 희리이다(시편 51편 7절).

원 포인트 하나님의 말씀을 듣고 회개해요.

welcome

무슨 말을 해야 할까요?

다음 그림을 보고 마지막 말풍선에 내 생각을 적어 보세요.

★ adventure ★

성경 이야기를 떠올리며, 다음의 세 가지 문제를 풀어 보세요.

1 율법을 발견하고 서기관 사반에게 전달해 준 대제사장의 이름은 무엇인가요? (8절)

____

2 율법책의 내용을 들은 요시야의 반응을 모두 고르세요.

① 옷을 찢었어요.

② 통곡하였어요.

③ 원망했어요.

3 여선지자 훌다는 이스라엘 백성이 하나님의 말씀에 순종하여 축복하실 것이라 전했어요.

(○ / X)

value

'회개할래요' 빙고

요시야가 하나님께 진심으로 회개한 것을 기억하며 내가 회개할 것을 적어 빙고 게임을 해 보세요.

보기

하나님보다 다른 것을 더 좋아했어요. / 다른 사람에게 양보하지 않았어요. / 거짓말했어요./
부모님 말씀에 순종하지 않았어요. / 친구를 미워했어요. / 쓰레기를 아무데나 버렸어요. /
예배 시간에 집중하지 않았어요. / 기도를 하지 않았어요. / 말씀을 읽지 않았어요. / 교회 가기 싫어했어요. /
게임을 많이 했어요. / 친구를 질투했어요. / 식물을 아끼지 않았어요. / 예배 시간에 떠들었어요.

"나 ______________ 은/는 하나님의 말씀에 회개하기를 다짐해요."

encourage

학습 요점

1. 하나님은 회개를 원하신다는 사실을 알아요.
2. 하나님 앞에 모든 죄를 고백하는 삶을 살아요.

이번 주 미션

한 주간 나의 죄를 회개하며 기도해 보세요.

요일	회개 내용	기도했나요?
월		
화		
수		
목		
금		
토		

이번 주 실천 사항

성경 읽기	기도하기	말씀 암송	이번 주 미션

12단원 5과

하나님의 백성은 겸손해요

읽을 말씀 열왕기하 25장 1~17절

외울 말씀 그러므로 하나님의 능하신 손 아래에서 겸손하라 때가 되면 너희를 높이 시리라(베드로전서 5장 6절).

원 포인트 하나님 앞에서 겸손해야 해요.

welcome

어떤 속담이 떠오르나요?

다음 그림을 보고 떠오르는 속담을 친구들과 나눠 보세요.

adventure

성경 이야기를 색칠하고 <보기>에서 알맞은 단어를 찾아 빈칸을 채워 보세요.

보기 성전 | 기근 | 시드기야 | 느부갓네살

바벨론 왕 □□□□□ 이
군대를 이끌고 예루살렘을 공격했어요.

예루살렘 성은 포위되어 □□ 이
심해졌어요.

성벽이 파괴되자 □□□□ 왕과
모든 군대는 도망갔어요.

바벨론 군대가 □□에 불을 지르고
□□의 제사 기구를 가져갔어요.

단어 설명

기근(3절) 먹을 것이 부족하여 굶주리는 것을 말해요.

value

부록 155쪽

하나님만 높여요

나는 낮아지고 하나님만 높이는 시소를 만들어 보세요.

"나 ______________은/는 하나님만 높이고 나는 낮아지는

겸손의 모습을 보이길 다짐해요."

준비물

부록 공과 자료,
색연필, 풀

활동 방법

1 부록 공과 자료(시소)를 뜯어요.
2 색연필로 '나는 하나님만 높여요'를 따라 적어요.
3 그림을 색연필로 예쁘게 꾸며요.
4 원을 반으로 접어요.
5 '하나님' 글자 뒤에 풀칠하여 시소 위쪽에 붙여요.
6 '사람' 그림 뒤에 풀칠하여 시소 아래쪽에 붙여요.

encourage

학습 요점

1. 잘될수록 하나님 앞에 겸손해야 함을 알아요.
2. 하나님만 높여야 함을 기억하며 살아요.

이번 주 미션

가족과 함께 모여 하나님을 높이는 찬양을 부르고 가사를 적어 보세요.

함께 부른 찬양

이번 주 실천 사항

성경 읽기	기도하기	말씀 암송	이번 주 미션

하나님 나라의 통치 2

절기 공과

추수 감사 주일

영원한 생명을 주셨어요

성탄 주일

예수님이 좋은 소식이에요

추수 감사 주일

영원한 생명을 주셨어요

읽을 말씀 로마서 6장 17~23절

외울 말씀 이제는 너희가 죄로부터 해방되고 하나님께 종이 되어 거룩함에 이르는 열매를 맺었으니 그 마지막은 영생이라(로마서 6장 22절).

원 포인트 영원한 생명을 주신 하나님께 감사해요.

welcome

나에게 소중한 것은?

나에게 소중한 것을 생각하며 해당하는 부분에 적어 보세요.

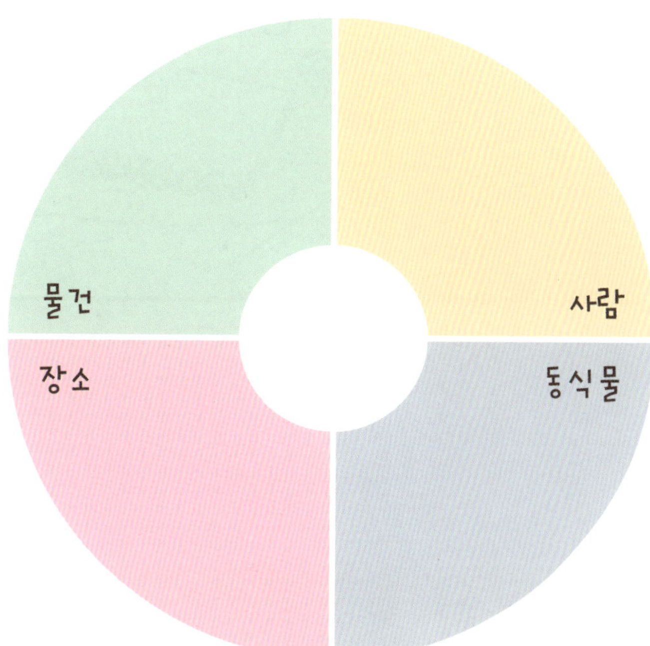

★ adventure ★

그림 속에 숨은 글씨를 찾고 글씨가 모여 어떤 단어가 완성되는지 적어 보세요.

단어 설명

삯(23절) 군인에게 주는 '월급', '돈'을 의미해요. 본문에서는 죄에는 대가가 있다는 의미로 '결과'를 뜻해요.

value

부록 156쪽

영생 감사 카드

영생을 주신 하나님께 항상 감사를 고백하기로 다짐하며 '영생 감사 카드'를 만들어 보세요.

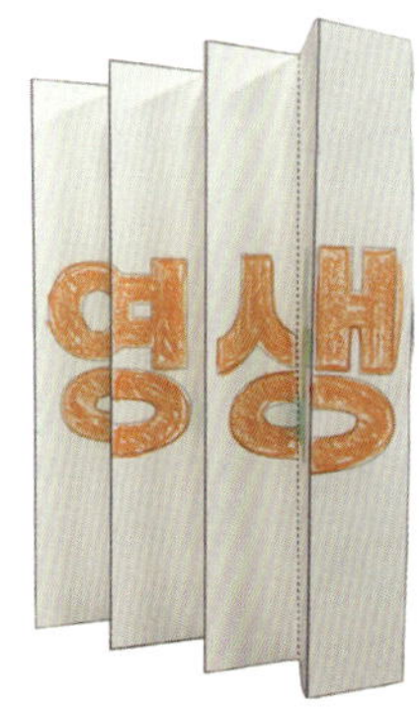

"나 ______________ 은/는 영원한 생명을 주신 하나님께 감사해요."

준비물

부록 공과 자료,
색연필

활동 방법

1 부록 공과 자료(영생 감사 카드)를 뜯어요.
2 실선이 앞으로 점선이 뒤로 가도록 종이를 접어요.
3 접은 종이를 세워 오른편과 왼편에서 각각 어떤 글자가 나오는지 살펴보아요.
4 다시 종이를 펼쳐, 나온 글씨를 색연필로 예쁘게 꾸며요.

encourage

학습 요점

1. 우리는 영생을 받은 거룩한 하나님의 사람임을 알아요.
2. 우리 안에 계신 예수님께 감사하는 삶을 살아요.

이번 주 미션

한 주간 감사한 일을 적고 하나님께 감사기도를 해 보세요.

	월	화	수
감사			
체크			
	목	금	토
감사			
체크			

이번 주 실천 사항

성경 읽기	기도하기	말씀 암송	이번 주 미션

성탄 주일

예수님이 좋은 소식이에요

읽을 말씀 누가복음 2장 8~20절

외울 말씀 오늘 다윗의 동네에 너희를 위하여 구주가 나셨으니 곧 그리스도 주시니라(누가복음 2장 11절).

원 포인트 예수님이 세상의 좋은 소식이에요.

welcome

어떻게 전했을까?

다음 그림이 어떤 관련이 있는지 함께 이야기를 나눠 보세요.

★ adventure ★

누가복음 2장 10~14절을 읽고 빈칸에 들어갈 말을 <보기>에서 찾아 넣으세요.

보기 평화 | 구유 | 백성 | 영광 | 소식 | 구주 | 하나님

10 천사가 이르되 무서워하지 말라 보라 내가 온 □□에게 미칠 큰 기쁨의 좋은 □□
을 너희에게 전하노라

11 오늘 다윗의 동네에 너희를 위하여 □□가 나셨으니 곧 그리스도 주시니라

12 너희가 가서 *강보에 싸여 □□에 뉘어 있는 아기를 보리니 이것이 너희에게 *표적이
니라 하더니

13 홀연히 수많은 천군이 그 천사와 함께 □□□을 찬송하여 이르되

14 지극히 높은 곳에서는 하나님께 □□이요 땅에서는 하나님이 기뻐하신 사람들 중에
□□로다 하니라

단어 설명

강보(12절) 갓난아기를 싸매는 천을 말해요.

표적(12절) ‘증거’, ‘표시’를 뜻해요.

value

부록 157-158쪽

복음을 전하는 성탄 카드

우리는 우리를 구원하기 위해 이 땅에 오신 예수님을 전해야 해요. 이를 위해 '복음을 전하는 성탄 카드'를 만들어 보세요.

"나 ____________ 은/는 세상에 좋은 소식으로 오신 예수님을 전하기로 다짐해요."

준비물

부록 공과 자료,
색연필, 연필, 풀

활동 방법

1 부록 공과 자료(성탄 카드)를 뜯어요.
2 네 장의 '복음 메시지' 그림을 색연필로 예쁘게 색칠해요.
3 '복음 메시지' 뒷면에 풀칠하여 '편지지' 뒷면에 순서에 맞게 붙여요.
4 연필로 '편지지' 가운데에 카드 내용을 작성해요.
5 '편지지'를 뒤집어 선을 따라 접은 후, 빠지지 않도록 고정해요.

encourage

학습 요점

1. 예수님이 우리를 위해 이 땅에 오셨음을 알아요.
2. 예수님의 탄생을 기쁨으로 전하는 삶을 살아요.

이번 주 미션

한 주간 '복음을 전하는 성탄 카드'를 누구에게 어떻게 전할지 작성해 보세요. 그리고 카드를 받는 친구가 기쁨으로 받을 수 있도록 기도문을 작성해 보세요.

복음 메시지를 전할 친구의 이름은?			
언제, 어디서, 어떻게 전해야 할까요?			
언제		어디서	
어떻게			
기도문			

이번 주 실천 사항

성경 읽기	기도하기	말씀 암송	이번 주 미션

memo

memo

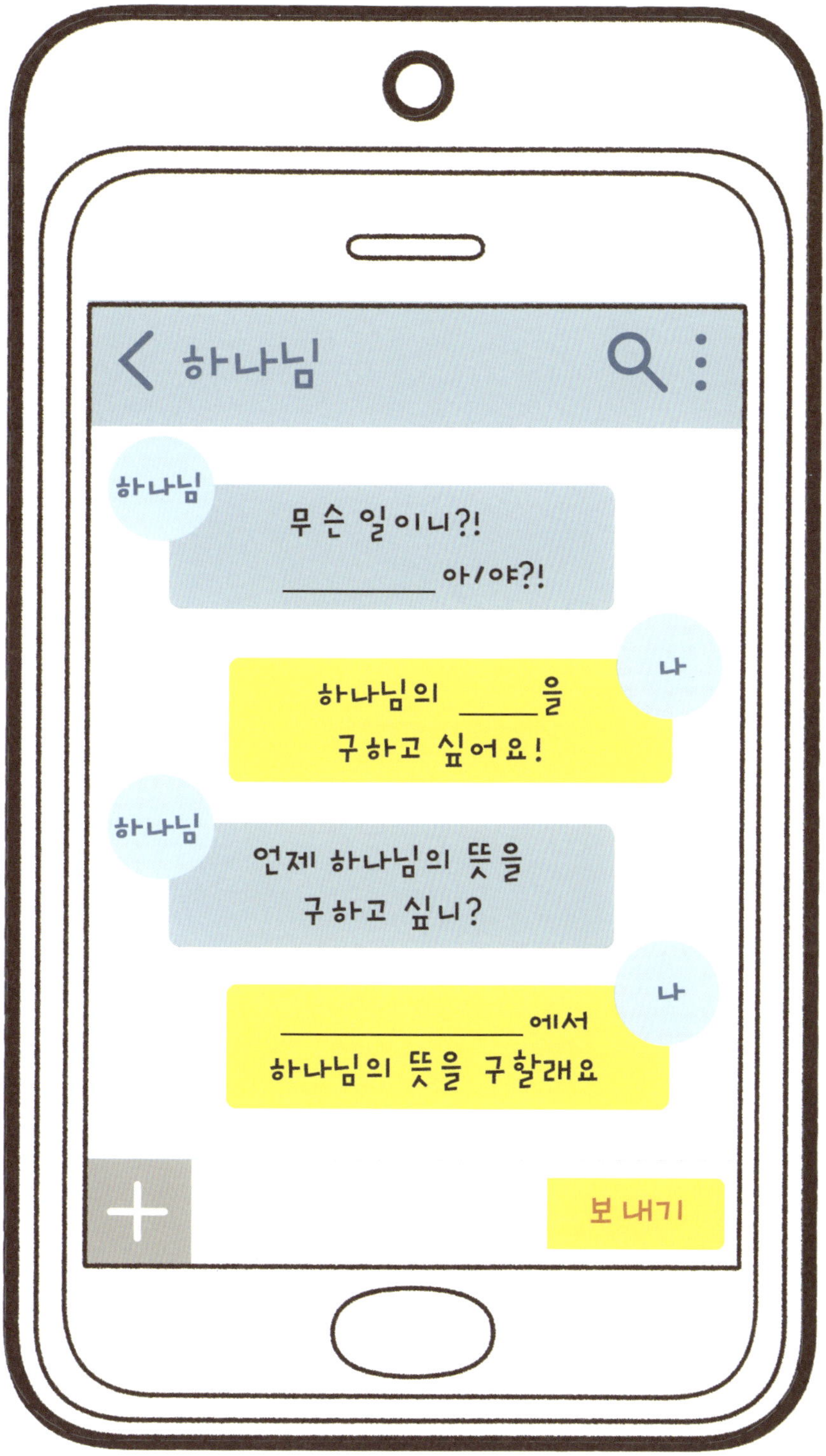

하나님
하나님
무슨 일이니?!
__________ 아/야?!
나
하나님의 _____ 을
구하고 싶어요!
하나님
언제 하나님의 뜻을
구하고 싶니?
나
________________ 에서
하나님의 뜻을 구할래요
보내기

하나님은 자신을
높이는 사람을 낮추세요.
그리고 자신을
낮추는 사람을 높이세요.

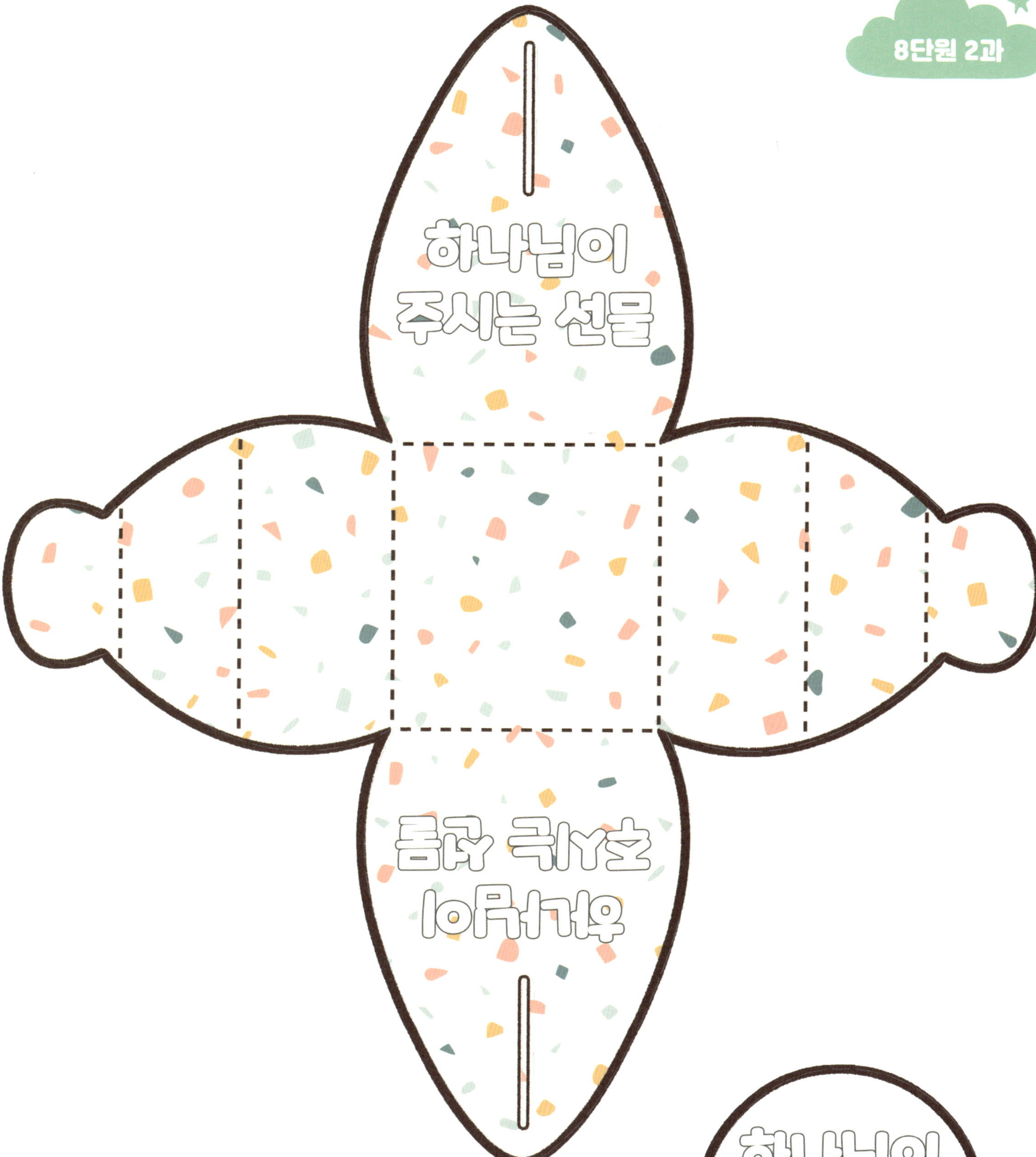
하나님이
주시는 선물
하나님이
주시는 선물

하나님이
주시는
지혜

우리 하나님이
진짜 하나님!

나 ________은/는 우리 하나님만이

______ 하나님이신 것을 믿으며 살래요.

바닥면

풀칠하는 곳

하나님이 나를
지켜 주셨어
★ 풀칠하는 곳
★ 풀칠하는 곳

● 풀칠하는 곳

● 풀칠하는 곳

★ 풀칠하는 곳

★ 풀칠하는 곳

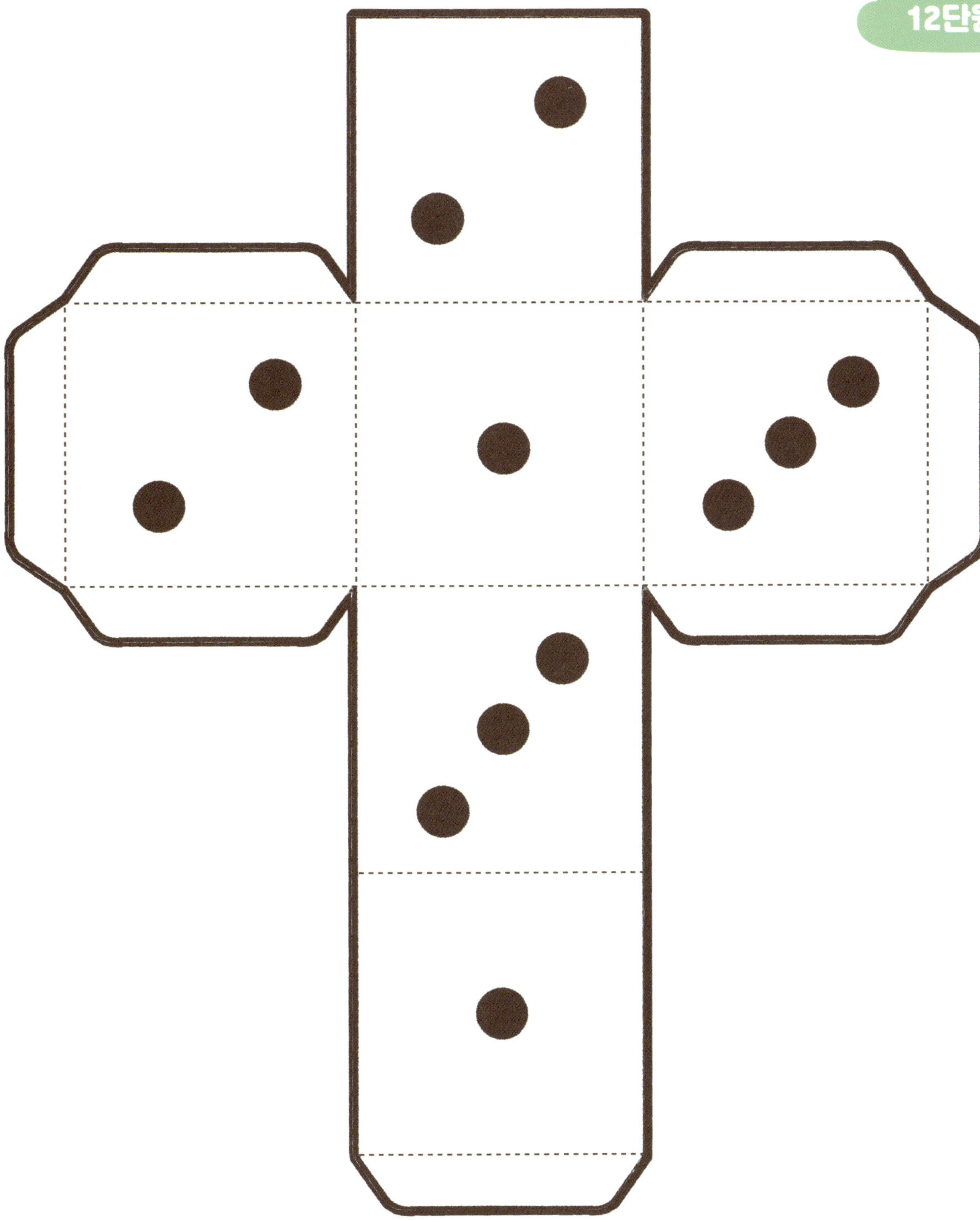

순종의 다리를 건너라
칸 안에 있는 글을 읽고
'순종하겠습니다!' 외치기
친구에게 복음을 전해요
하나님을 찬양해요
예배 시간에 늦지 않아요
한 번 더!
다른 사람을 위해 기도해요
매일 감사를 고백해요
부모님의 심부름을 해요
다른 친구를 도와주어요
도착
출발
하나님을 사랑해요
매일 기도해요
말씀을 읽어요

12
1
2
3
4
5
6
7
8
9
10
11
간절히 기도하면
응답받아요

하나님

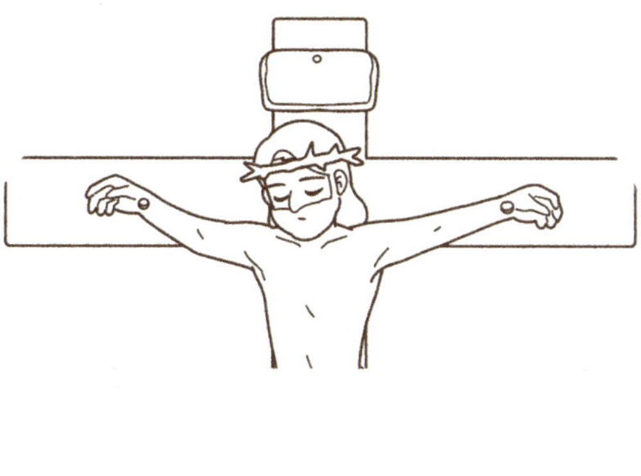